ANTEQUERA, OTRA VEZ

Segunda edición

(con discurso de presentación del libro
de Juan Alcaide de la Vega)

José Luis Sánchez-Garrido y Reyes

ExLibric

JOSÉ LUIS SÁNCHEZ-GARRIDO Y REYES

ANTEQUERA, OTRA VEZ

EXLIBRIC

ANTEQUERA 2025

ANTEQUERA, OTRA VEZ
© José Luis Sánchez-Garrido y Reyes
© de la imagen de cubiertas: Inmaculada Puche Manzano
Diseño de portada: Dpto. de Diseño Gráfico Exlibric

Iª edición

© ExLibric, 2025.

Editado por: ExLibric
c/ Cueva de Viera, 2, Local 3
Centro Negocios CADI
29200 Antequera (Málaga)
Teléfono: 952 70 60 04
Fax: 952 84 55 03
Correo electrónico: exlibric@exlibric.com
Internet: www.exlibric.com

ISBN: 979-13-87707-48-4
Depósito Legal: MA 692-2025

Impresión: PODiPrint
Impreso en Andalucía – España

Nota de la editorial: ExLibric pertenece a Innovación y Cualificación S. L.

JOSÉ LUIS SÁNCHEZ-GARRIDO Y REYES

ANTEQUERA, OTRA VEZ

Como aclaración

Este libro fue editado por el Excelentísimo Ayuntamiento de Antequera y se terminó de imprimir el día 1 de abril de 2008 en los nuevos Talleres de Gráficas San Rafael de esta ciudad.

Previamente, el 28 de febrero de 2007, el Ayuntamiento me concedió el Efebo de Antequera por «su exitosa trayectoria profesional y su amplia y variada actividad literaria, en la que refleja muchos de sus recuerdos de su vida en Antequera». Galardón del que me siento muy orgulloso.

He peticionado a la Concejalía de Cultura permiso para reeditarlo, de lo cual me han dado facilidades; es la razón por la que en portada figura: «Segunda edición».

El encargo se lo he hecho a ExLibric, que es la editorial en la que he efectuado mis publicaciones desde mi regreso a Antequera hace seis años aproximadamente, que imprime a demanda, para que esté disponible para todo el que considere disponer de este ejemplar, lo que considero muy interesante. De mis seis libros anteriores en otras editoriales, las ediciones fueron agotadas; de algunos se hicieron varias.

Este libro que tiene Vd. en sus manos se lo entregué a mi hermana Mari Tere para su revisión, y ella se empleó a fondo en la tarea, no solo corrigiendo la dicción y ortografía, sino añadiendo mucho de su visión personal, así que aunque figura mi nombre como autor, en alta medida es también un libro de ella.

He incluido el discurso en la presentación de este libro que efectuó mi recordado y admirado maestro Juan Alcaide de la Vega.

La portada del libro es la fachada de mi casa en calle Merecillas, 28, y fue confeccionada por la gran artista que es, aparte de amiga entrañable de mi hermana Mely, de Trini y mía, la Sra. Inmaculada Puche Manzano.

La presentación del libro fue un acto muy bonito; debido al buen tiempo, el viernes 9 de mayo de 2008 se realizó en el amplio claustro de la preciosa Biblioteca Antequerana, con un notorio lleno. En la mesa estaban el alcalde, Sr. Ricardo Millán, el Sr. Juan Alcaide de la Vega, mi hermana Mari Tere y yo.

Por cierto, indiqué, antes de comenzar a hablar, que apagasen, por favor, los móviles, y un compañero de empresa de Sevilla, José Luis Cobián, allí presente, supuso que no había yo apagado el mío y acertó: me llamó cuando estaba hablando, con lo que se organizó un gran jolgorio.

Me llamó mucho la atención las muchas personas que estuvieron en dicha presentación; estimo que unas ciento cincuenta, ya que mi hermana Mely y mi hermana Mari Tere se habían encargado de organizar el acto (yo vivía en Granada) y vinieron numerosos amigos de Granada, de Sevilla y de otros puntos.

Después de terminado el acto, nos fuimos los que quisieron hacerlo a mi domicilio de calle Merecillas, 28, donde hubo un cóctel muy bien servido por Juan Luis Olmedo Artacho y su equipo, y estuvimos hasta bien entrada la noche, en un ambiente muy agradable.

Fue para Trini y para mí una bonita jornada, arropados por nuestros hijos y nietos y demás familia, así como amigos y compañeros.

El reeditarlo en esta denominada «segunda edición» es debido sencillamente a que le tengo mucho cariño al mismo y creo que puede ser de interés para los antequeranos, muchos de los cuales no lo conocen y así me lo han pedido por referencias de que quieren hacerse con él.

El Alcalde de Antequera y en su nombre la Teniente de Alcalde de Cultura,
tiene el honor de invitarle a la presentación del libro de
José Luis Sánchez-Garrido Reyes, "Antequera, otra vez".

AYUNTAMIENTO DE ANTEQUERA
CULTURA

Unicaja
Fundación

Viernes, 9 de mayo de 2008, a las 20:30 h.
Sala Antequerana
Biblioteca Supramunicipal San Zoilo

Presentación del libro *Antequera, otra vez,* de José Luis Sánchez-Garrido Reyes (Antequera, 2008)

Por Juan Alcaide de la Vega

Cuando me solicitaron que hiciera la presentación del libro de José Luis Sánchez-Garrido Reyes, estaba yo agobiado por obligaciones de variada índole, y mi primera palabra fue de excusa. Si después accedí, se debió a varias razones: el requerimiento amistoso que me hizo, no ya el autor, sino su hermana Mely, con quien me une una antigua amistad, por haber compartido con ella y su marido, mi compañero Gabriel Requena, algo que une mucho, mesa y mantel, copa, tapa y conversación, asegurándome, por otra parte, que el señalamiento de día y hora de la presentación se diferiría hasta pasarnos de abril y meternos en el mes de mayo, florido y hermoso. Pero además, habiéndome dado una copia del texto original, me desarmó de toda prevención que pudiera tener el que el autor tuviese desde el primer momento, en la dedicatoria del texto a su hermana la chica, María Teresa, la entrañable desfachatez de confesar su «impresentable ortografía de escritor apresurado»;

y que su hermana la chica, María Teresa, fuese la entrañable censora del libro de su hermano, expresando en unas palabras previas al texto, que firma como «encargada de revisión, corrección y traducción», lo siguiente, que respira genuina frescura femenina, cariño fraternal y desvelos de buena educadora: «Escribe tal como ve las cosas en su mente, difusas. Por eso cuando leo un escrito suyo, experimento unos sentimientos muy contradictorios, pues, al mismo tiempo que me enternezco y disfruto con su contenido, sufro con su desordenada forma de plasmarlos, y sobre todo, con sus repetidas e irrecuperables faltas de ortografía, sufrimiento que él ignora y considera una simple "deformación profesional" de mi trabajo como maestra». Y continúa: «Lo cierto es que le permito lo que jamás le he permitido a ningún alumno, y finalmente soy indulgente, le corrijo, le perdono y le adoro a pesar de que sé que lo volverá a hacer siempre».

Todo esto me sugiere el primer motivo por el que he de felicitar al autor. El autor cuenta con ternura femenina. De ella nacen las urgentes instancias y los perentorios requerimientos de su hermana mayor, Mely, y las calurosas reprimendas de su hermana chica, María Teresa. Siguiendo las huellas del texto, veo que cuenta también con la maternal ternura de su propia hija, Eva, que le trajo desde Colorado Spring, en Estados Unidos, el regalo que tanto le había gustado a su padre en su visita, un pez que cantaba. Y cuenta también con la ternura de su mujer —esto último lo hago por observación propia—, que asiste expectante, a veces estupefacta, y al fin enormemente complacida, a las sorprendentes eclosiones de la personalidad de su marido. Y eso sin contar con el amor de su madre, Teresa, tan incomparable con cualquier otro, tan sin límites como el de todas las madres, correspondido por su hijo; su madre, ausente ya en este mundo, pero continuamente presente en el corazón de su hijo, aparece en algunos capítulos de la obra que hoy se presenta, pero ya desde el mismo prólogo el corazón del autor se esponja con el recuerdo de su madre, sin más que pisar su casa de la calle Merecillas: «… cuando entro y huelo su viejo jazmín plantado por la fuerte mano de mi madre, cuando observo de nuevo aquellos mismos espacios donde mis padres vivieron, cuando riego, de vez en cuando, las mismas macetas que ellos regaban cuando yo era un niño…».

(Haced el favor de permitirme ahora, antes de pasar a otro punto, una corrección a la correctora, una regañina a la regañona). Dices tú, María Teresa, al final de las líneas que has escrito: «Seguiré siendo la "chica" aunque sea una anciana». Mal dicho, María Teresa, por dos razones. Te conocí cuando eras una niña, y cuando eras una adolescente a punto de florecer, a punto de transmutación, y luego dejé de verte hasta ahora. La primera razón, recordándote como eras y viéndote como eres, es que está mal dicho por confundidor eso de expresarse en presente, aunque sea de subjuntivo —«aunque sea una anciana»—, porque tú todavía no has llegado a serlo. Pero además —y es la segunda razón—, hay algo en ciertas personas que puede ser una luz, o un resplandor, o un ángel, que tú tienes y que nadie te podrá arrebatar, y que, aunque transcurra el tiempo que transcurra, te impedirá siempre, así vivas más que Matusalén, llegar a anciana.

Te contaré de paso algo que constaté en tu padre. Alguna vez estábamos en la barra de un bar tomando una copa de vino. Y alguna vez aparecías tú. No era preciso que te pararas, ni que dijeras adiós. A veces ni te dabas cuenta de que en aquel bar estaba tu padre. Entonces tu padre suspendía la conversación y permanecía en un silencio absoluto. Hasta que desaparecías de su vista, te envolvía en una mirada amorosa y sus labios esbozaban una sonrisa de satisfacción.

Consecuencia de lo apuntado por el propio autor y por su hermana la chica, nos encontramos con un texto literario que se distingue por ser «aliterario». El autor no pretende florituras de estilo, ni sigue cánones estéticos. Ni siquiera tiene preocupaciones sintácticas, ni sigue reglas ortográficas. Se sirve de la palabra como vehículo necesario e irreemplazable para dar testimonio de su vida. En su maremágnum de recuerdos afloran, unas veces, paisajes urbanos y rústicos que tenemos todos los antequeranos en la retina —tal la estatua del capitán, o la Peña de los Enamorados—; o costumbres o usos sociales, en este momento desacostumbrados e inusitados —por ejemplo, las conferencias telefónicas solicitadas a señoritas no virtuales; por ejemplo, aquel rito de la venta al fiado, que incluye en ese capítulo costumbrista que titula «Cuarto y mitad»—; o personas amigas, que a veces yo también conozco —tal Pepe Artacho—; o vecinos suyos de toda la vida, como Socorrita, costurera y amiga; o asociados a su familia, como Mari Ángeles, María; o recetas de cocina casera que fueron sus delicias inolvidables, como los mantecados y pestiños que hacía su abuela Pura, o el caldo que hacía su madre; o tiendas que frecuentó cuando niño, como aquel suntuoso puesto de chucherías, muy cerca del Colegio de la Inmaculada; o familiares suyos, como sus padres, su abuela, sus hermanos. Pero vamos por partes.

Si de paisajes urbanos y rústicos se trata, hemos mencionado ya la estatua del capitán —entiéndase el capitán Moreno—, héroe antequerano de la Independencia, de tan oportuna recordación ahora que acabamos de celebrar el segundo centenario de aquella guerra contra el gabacho, que no vino a España a predicarnos la libertad, sino a quitárnosla y convertirnos en presea del imperio napoleónico. No se rebelaron nuestros antepasados contra el progreso, sino contra el que, con ejercicio de la violencia y el afán destructor del descerebrado, quería por la fuerza imponer a España su yugo. *Liberté, égalité, fraternité?* ¡Y un cuerno! Nuestro amor se fija en lo que todos los antequeranos saben y no se atreven a decir: que, de la mano del capitán, emerge uno de los dedos que, situado el espectador de la estatua en un banco de la avenida izquierda del parque, parece sustituir, desafiante y erecto, el oculto miembro viril. A lo mejor no fue un descuido del escultor, sino un modo de resaltar, sin decirlo, lo que en aquel momento pensaba el pueblo español: «Napoleón, para huevos los nuestros». Remedando a Muñoz Seca, a lo mejor estaba diciendo:

Para vencer a los españoles,
no arredran cien mil napoleones.
Para vencer a los españoles,
hacen falta galos más Quiñones.

La Peña de los Enamorados, para el autor del libro que se presenta, es una referencia inexcusable de Antequera, cada vez que viene a ella, y le da testimonio de que, teniéndola a su vista, está pisando los umbrales de la ciudad añorada en la lejanía. Y es el recuerdo de una excursión juvenil inolvidable. Para mí representó, en la ya lejana infancia, en que viví a sus pies, el descubrimiento del campo y luego el sueño, continuamente renovado, de que estoy subiendo hacia la cumbre, como entonces, comprobando cuánta vida oculta hay en superficie, en sus entresijos, en su aire incontaminado.

En el primer capítulo, que titula «Los teléfonos de mi vida», el autor recuerda aquella época en que, para ponerse en conexión con otro número, de la misma ciudad o de ciudad distinta, tenía que recurrirse a señoritas de Telefónica, no señoritas virtuales que te hablan impersonalmente, sin ojos ni figura, sin entidad humana, robots asexuados, sino señoritas de carne y hueso —y a veces qué carne y qué hueso—, que tú conocías, veías a la hora del paseo por la calle Estepa, que a veces eran familiares tuyas o amigas —me viene ahora al recuerdo una que era preciosísima y se llamaba Lili—. A veces chirriaban las relaciones con las paisanas también. Pero cuando la cosa se complicaba de verdad es cuando tenías que poner una conferencia y ponerte en contacto con un teléfono de otra ciudad.

Entre tu deseo y la realidad se interponían varias complicaciones, la intervención de varias centralitas. Si no tenías suerte, te podías morir en la consecución del empeño. José Luis lo cuenta tal y como pasaba, y con gracia. Y el consejo de su padre, gran experto de la vida: «Sé muy simpático con las telefonistas...». Si no lo haces así, es muy probable que una gran parte de tu vida se te pase esperando una conferencia.

En el capítulo «Cuarto y mitad», evoca un tiempo ya ido para siempre en que, al hacer la compra, podías discutir con alguien, regatear, decirle ladrón al tendero por querer robarte en el peso, y oírse llamar por el tendero roñica y avaro, y seguir siendo ambos, cliente y tendero, tan amigos como siempre, amigos como ruchos —expresión olvidada—.

Puede pensarse que, al ser el libro de José Luis tan íntimo y tan personal de su vida y de sus circunstancias, puede carecer de interés para los antequeranos ajenos a su familia. Y no es así. No es así porque en Antequera, ciudad a la medida del hombre, nadie es ajeno a nadie, y, aunque no en la misma medida que el autor, todos conocemos a los que él se refiere, aunque nuestras relaciones tengan mayor o menor entidad, o distinta perspectiva. Ya lo dice él: «Los vecinos de Antequera nos queremos», y lo dice como título de uno de sus capítulos. Para ser realistas, hay que reconocer que el conocimiento genera a veces un grado de precisión en nuestras vidas que es una causa del temor al qué dirán que nos asalta. Pero, a cambio, no vivimos nunca ignorantes de las vidas de los demás, ni ignorados por los demás. Y, como dice José Luis, aunque, como a él le ocurre, viva largo tiempo fuera de Antequera, ni deja de añorarla fervientemente, ni, cuando viene, deja de ser reconocido por sus paisanos, que le saludan y le envuelven en efecto. José Luis en su libro recuerda a sus vecinos, y, aun cuando no todos sean conocidos, nos hace evocar otros que sí lo son nuestros. José Luis recuerda, por ejemplo, a Carmela Torres, la modista a la que recurría su madre, y yo, por ejemplo, a la que recurría la mía, Socorrita Pallarés. José Luis recuerda como su profesor de Mecanografía a José Amat, el hijo de doña Blasa, a quienes yo conocía también, pues fueron los dos, hijo y madre, vecinos míos en distintas épocas, y yo recuerdo al que lo fue mío, Antonio León, compañero de mi padre en las oficinas de Hymasa, que luego entró en el Banco de España. José Luis y yo sufrimos el martirio de teclear con el dedo meñique, acentuado en mi caso por la circunstancia de que, por herencia genética, yo tengo curvados los dedos meñiques, y así los he transmitido a algunos de mis hijos. José Luis recuerda el puesto de Teresilla Carbonero o la casa de la Chica Alpiste, y yo la tienda de Lola y Ramón y la de la Viudita. De las tiendas del centro se acuerda de Los Madrileños, Los Caminos o Casa Rojas, y yo también, aunque tal vez sean otros los recuerdos. En Los Madrileños había un aroma confundido de muchas colonias y allí fue donde yo, tímido perdido, tuve el atrevimiento de pedir, por primera vez sin intermediarios, ropa interior. Lo más maravilloso de Los Caminos, a dos pasos de la zapatería de mi abuelo, don Paco en la puerta de la tienda, era que, como en los versos de Manuel Machado, de allí salía cada primavera un floreciente ramillete de mocitas nuevas, las niñas de Los Caminos. De Casa Rojas voy a contarle a José Luis una anécdota que acredita mis dotes en psicología —modestia aparte—. Salí yo de mi casa una tarde y no había rebasado la calle del Rey, cuando comenzó a llover torrencialmente. Iba a volver a mi casa, pero, recién pasado el verano, no estaba seguro de encontrar en ella ni un mal paraguas. De modo que pensé que lo mejor sería preguntar en Casa Rojas. Pero, oh, crueldad del destino, en Casa Rojas acababan de cerrar. A través del escaparate, calado ya hasta los huesos, yo veía a los Rojitas, hablando animadamente entre sí, pero a pesar de aspavientos y saltos para llamarles la atención, nadie se daba cuenta de mi presencia. La Providencia hizo que acertara a pasar por allí la mujer de tu hermano Antonio, María José Lara. No lo dudé. Le pedí que se pusiera donde mismo había estado yo inútilmente haciéndome notar. «Por favor —le dije—, llámales la atención tú, que a mí no me ven, y de tu presencia en cambio se darán cuenta enseguida». Fue ponerse ante el escaparate y no le dio tiempo a levantar el brazo cuando todos los hermanos Rojas en tropel nos abrieron la cancela de la casa para entrar en la tienda —María José entró también y aprovechó para comprar algo—. La belleza hace milagros. Elegí un paraguas, le di las gracias a María José por su intercesión y salí de allí tan contento y preparado para la lluvia. Ni siquiera tuve que abrir el flamante paraguas, porque había escampado. Caprichos de la meteorología. Como el paraguas era elegante y estaba muy enrolladito, intenté emular la elegancia de Chamberlain. Si hubiera subsistido la tienda de Ramón Cabrera, el Primero o Senior, ya puesto y para completar la figura, me habría comprado un bombín.

Podía seguir el hilo de sus recuerdos, que suscita los míos. Pero es necesario acabar. Quiero hacerlo hablando de un anuncio al que se refiere José Luis en este libro, *Antequera, otra vez*, que hoy se presenta. Es bien sabido que los anuncios que hicieron época tienen un sabor y un aroma que no es ni *in* ni *out*, sino *camp*, y que guardan el encanto de la nostalgia y de lo que parecía inconsistente y se ha hecho perdurable. Los anuncios de la radio con música y letra incluida han sido incluso objeto de revisión y recogimiento por el grupo que sustituyó a Mocedades, el actual Consorcio. Pues bien, en los periódicos de la época y en los cines de Antequera, se proyectaba un anuncio de uno de los productos pertenecientes a una de las actividades de la familia García-Berdoy. Salían en el anuncio las inconfundibles figuras de don Quijote y Sancho Panza. Sancho Panza alababa el buen estado y la belleza de unos trigales y don Quijote le hacía ver que la causa del saludable y bello aspecto de los trigales era el empleo de aquel producto antequerano. Pero José Luis omite una expresión que utiliza don Quijote, tal como era el anuncio. Decía Sancho Panza: «¿No ve vuesa merced qué trigales tan hermosos?», y así lo transcribe José Luis. Y don Quijote, al replicarle, emplea una expresión que es la omitida: «Repara, bellaco, que emplean Abonos Berdoy». Ese «Repara, bellaco…» no está en lo transcrito en el libro, y puede que nunca lo estuviera en el ánimo del inmortal caballero motejar de bellaco a su fiel escudero. Pero el anuncio era así como lo digo. La cosa no tiene tampoco mucha importancia, porque en cosas así la memoria le falla al más pintado. Véase, por ejemplo, el caso de José Saramago en el libro *Pequeñas memorias*, hace poco publicado. Dice él que en los tiempos de guerra civil española oía desde Portugal Radio Sevilla, desde donde daba sus charlas el general Queipo de Llano, y recuerda, creo que incorrectamente, un anuncio de aquel tiempo, extendido a los años de la posguerra. Dice él que en el anuncio radiado se pregonaba: «Oh, qué lindos colores, Tintas Revi son las mejores». No era así. Era: «Oh, qué lindos colores, Tintes Gevis son los mejores». Añade Saramago que «era el propio Queipo de Llano el que, terminada la intervención política, recitaba el festivo anuncio». El anuncio publicitario no era propiamente festivo, pero además no creo que lo leyera el general. Lo digo porque yo lo oía todas las noches con mucha atención para enterarme de cómo estaría mi padre, que le cogió la guerra en Madrid, y no se lo oí decir a él nunca. Sí lo decía aquel polifacético locutor, simpático y bajito, que se llamaba Rafael Santisteban.

Solo queda añadir algo de lo que me gustaría dejar constancia. Yo conocí al padre de José Luis, del que él habla en más de una ocasión con reverencia y con mucho amor, podría contar yo algunas anécdotas del padre, con quien compartí alguna copa de vino más de una vez y al que me unían algunos amigos comunes. Pero me limitaré a consignar alguna característica suya, que formaba parte de su personalidad. Era un hombre dotado de una ilimitada pachorra, y de un despejo natural que reforzaba su experiencia de la vida muy diestramente asimilada. Era un autodidacta. Tenía una gran capacidad para verlas venir, y su arma, con que resistir los embates de la vida y gozarse en sus delicias, era una sempiterna sonrisa donde brillaba la sorna.

Yo no conocía a José Luis, su hijo, el autor del libro que se presenta hoy. Hasta ahora. Físicamente es un hombre desmesurado, gigantón. Anda con lentitud, como si necesitara continuamente desentumecerse, balanceándose al dar los pasos, inclinando a veces su corpachón hacia delante, con la mirada absorta, como si el mundo exterior desapareciera para él y solo se dedicara a leer sus propios pensamientos. Aunque es fácil creer de él que sea huraño, en realidad, como todos los gigantones, es tímido de solemnidad. Parece como si estuviera continuamente ocultándose, pero no lo hace por misantropía, sino porque le da vergüenza exhibir su figura de Gulliver en el reino de Liliput. A José Luis, sencillamente, le da vergüenza de ser tan grandón. Tiene una profesión y un empleo en el campo de la industria agrícola, y, dentro de su empleo, ha escrito mucho sobre aspectos técnicos de la agricultura de la que es perito titulado. Pero en realidad lo que le gustaría sería perderse entre libros de creación literaria, como los tiene en su biblioteca, que es desmesurada y desordenada como él, y dedicarse a evocar todo lo que en su vida le ha ayudado a vivir. Por eso este libro que hoy se presenta, a falta de primores estéticos y arrequives estilísticos, es un *ritornello* de recuerdos personales, que suscita en cada uno de los que sean sus lectores sus propias y particulares evocaciones, que se enredan, tirando unas de otras. Como las cerezas. Como el hilo de un ovillo. Y es que cada libro genera en los lectores miles de libros más, porque cada texto es lo que es y el texto, expreso o impreso, que cada lector imagina escribir al leerlo.

Escrito en mi blog: «La pérdida de Juan Alcaide de la Vega»

Por José Luis Sánchez-Garrido y Reyes
Sábado, 24 de enero de 2015

En el WhatsApp, este martes ya tarde, leí tu fallecimiento, Juan. Era una comunicación familiar, entre hermanos, cuñados y cuñadas, en una cadena que llamamos «hermanos pilongos» (por haber sido todos los Sánchez-Garrido Reyes bautizados en la misma pila bautismal, y además en nuestro caso con la misma madrina, en la demolida lamentablemente Iglesia de San Isidro). En los mensajes se indicaba que no se sabía aún la hora de tu entierro.

Me sorprendió, me quedé parado, y lo sentí, y lo siento. Eras de las personas con las que tenía muchas conversaciones pendientes, para hablar del mundo, y sobre todo para aprender, Juan, aprender de ti, con tiempo por delante, y son las conversaciones que nunca vamos a tener, Juan, pero seguiré leyendo tu obra, que es una forma de saber más. Bueno, no sé si con tanta tecnología tendremos conversaciones virtuales, aunque ello no es nuevo, las comunicaciones virtuales siempre han existido.

Yo, por la mañana del miércoles, salía con Trini, desde Granada a Sevilla, en un viaje continuado de mi vida, ahora más acentuado que nunca. Salía con el coche cargado hasta las trancas; la verdad es que no entiendo mucho ello, pero por unas cosas u otras, cada viaje parece una mudanza. No me lo explico, no tiene sentido, pero es así.

Entre los dos ejes de mi vida, Granada y Sevilla, o Sevilla y Granada, tanta monta, monta tanto. Con el epicentro de mi vida siempre Antequera, eso sí, Antequera la deseada, la que siempre llevo dentro, en la que estoy mentalmente, pero que continuamente paso por su lado. Estoy sin estar, estoy, pero no estoy. En la que tengo la casa para estar, y el sueño de estar, pero que quizá los sueños no se realicen, para que realmente no pierdan su personalidad de sueños. No lo sé, el tiempo dirá.

De esta guisa, con el coche a reventar, me era difícil hacer escala en Antequera, y sin tiempo, pues cargar el coche ya es una obra de ingeniería que requiere mucho pensar y esfuerzo, y ver cómo acomodas el mundo en un receptáculo, toda una montaña de cajas y objetos, cestas y bolsas, maletas y maletines, ordenador y papeles. Y una de las cosas que nunca he comprendido, Juan, es comprar alimentación en Granada para llevarla a Sevilla, y también al contrario.

No lo entiendo, Juan. Pero la verdad es que tampoco tengo por qué entender todo.

No fui a tu entierro, Juan, porque no pude, también por motivos ya de edad, de lentitud, y de fuerza, y de tiempo. Te has marchado de aquí, Juan, y me queda la imagen de tu sonrisa y de tu mirada de águila observadora del mundo, observadora de la belleza; entonces, quedé mentalmente en hablar contigo, Juan. Desde este entorno, Juan, porque la vida es así, y los sueños forman mucha parte de la misma.

Yo te quiero decir, Juan, lo que a lo mejor seguramente te he dicho alguna vez: siempre he admirado, desde niño, tu pluma, inteligente, la claridad expresiva, la gracia antequerana, la ironía simpática, sugestiva e inteligente, que no molesta y hace sonreír. Y lo bien que hablas, Juan, la fuerza de tu voz, y lo docto de la misma, y los mensajes que emites. Siempre para mí has sido un referente, y un escritor que quedará en los anales de la historia de Antequera, un escritor destacable por su inteligencia.

Empecé leyendo tu libro de gastronomía, lo cual he hecho dos o tres veces, hace ya muchos años, y continué leyéndote, Juan, y últimamente tu *Memorial de retaguardia,* que compré, como siempre, en Librería Macías, la librería de tan entrañables recuerdos, aunque el amigo Macías también nos haya abandonado. Siempre acompañado de su señora. Ella continúa con la librería, por suerte para todos.

Muchos domingos hemos coincidido tú y yo en el estanco de la Alameda, comprando la prensa. Y nos hemos saludado y charlado del mundo.

Leo ahora, de nuevo, la presentación que me hiciste de uno de mis libros, *Antequera otra vez*, colgado en mi blog de internet, con tu estilosa pluma y con ese antequeranismo que siempre has desplegado por los cuatro costados, y donde me comentas mi desorden, lo cual en cierto modo es así. Menos mal que tengo a Trini.

Pero, amigo Juan, cuando he estado en tu despacho, con torres de libros encima de tu mesa, y otras columnas de libros encima de las sillas, pensé que me superabas ampliamente, y me callé, Juan. Me dijiste que lo estabas ordenando y por eso estaban así. Volví al tiempo, Juan, y por lo visto seguías ordenando. Sonreí y me volví a callar.

Tu sala de trabajo es otra cosa, toda llena de libros, sí, pero con mesa camilla y acogedora, preparada para escribir, soñar y pensar. Te gustaban mucho los libros, Juan, y a mí también. Un punto fuerte en común.

Te has marchado. No pretendo hacer ningún panegírico, Juan, de canto de alabanza. Sin duda te harán muchos, te lo mereces. Yo no estoy preparado para ello. Simplemente quería decirte, Juan, que para mí siempre has sido una persona genial, una persona diferente, un escritor casado con Antequera. Yo, modestamente, Juan, y a muchísima distancia, continuo esa senda, que me gusta y me atrae. Tú eres una personalidad, en la literatura, sin duda, y en tus sugestivas conferencias, maestro de la disertación, eres un filósofo sin título, has sido una biblioteca andante, has sido una cámara de vídeo de alta resolución captando al mundo, y procesando en tu cerebro de alta capacidad, y has sido un catedrático de la vida, Juan. Un constructor del pensamiento, un estupendo artesano de las letras. Un piloto de avión, sin avión, Juan, volando por el mundo.

Descansa en paz, amigo, te esforzaste en hacer todo lo bien que pudiste. Que fue bastante.

A mi hermana M.ª Teresa, quien me ha animado a escribirlo y ha revisado a fondo mi impresentable ortografía, de escritor apresurado.

Con mucho cariño.

El autor

Prólogo (por el autor)

Al escribir el libro *Antequera, Antequera, recuerdos de anteayer,* disfruté bastante. Fue para mí un hito poder hacerlo y llegar a verlo publicado, y volviendo sobre la marcha a tener nuevas tiradas del mismo. De alguna manera, estaba planeado en mi mente de manera difusa, en el subconsciente, probablemente desde mi niñez.

El cariño y la acogida de este me impulsan a continuar escribiendo en la misma línea, olvidándome de que «nunca segundas partes fueron buenas». Agradezco la buena voluntad de la gente, que me ha motivado a seguir escribiendo. Todos, a su manera, han contribuido en este escrito, ya que aquellos que lo leyeron y les agradó, me han felicitado. Otros, ni siquiera lo habrán leído y, sin embargo, también me han felicitado... Habrá incluso otros muchos a los que ni siquiera les haya gustado, pero también me han expresado muestras de ánimo, o simplemente no me han dicho nada, con lo que todos ellos alientan irremediablemente mi imparable inclinación a la escritura.

Además, he recibido varias cartas muy emotivas, en su mayoría de muy buenos amigos, a los que reconozco encarecidamente su apoyo, aunque no estoy nada seguro de su objetividad.

Porque ya a estas alturas de la vida, con tanto trayecto recorrido y no muchos kilómetros más por recorrer, las cosas no se hacen por aquello que tanto ha influido siempre en mí, el famoso «qué dirán». Afortunadamente, ahora actúo por gusto personal, por satisfacción propia. Sin más pretensión, sin mayor objetivo. ¿Para qué, si no?

Para mí es complicado escribir sobre Antequera, ya que he estado fuera de ella la mayor parte de mi vida de adulto, si bien nunca he conseguido desvincularme de esta ciudad y de sus gentes. Y quizás, o seguro, que hay muchos a los que debería nombrar y no lo he hecho aún... Ruego me disculpen, prefiero escribir lo escrito, y de la manera que lo he escrito, a no escribir nada.

Es de bien nacido ser agradecido, y yo le debo mucho a Antequera. Como mi trabajo no me permite otra cosa, y la querencia es muy fuerte, me he convertido en un antequerano esporádico de fin de semana, circunstancia que me reporta muchos beneficios y satisfacciones a nivel personal. Lo cierto es que cuando piso mi casa de la calle Merecillas, cuando entro y huelo su viejo jazmín plantado por la fuerte mano de mi madre, cuando observo de nuevo aquellos mismos espacios donde mis padres vivieron, cuando riego, de vez en cuando, las mismas macetas que ellos regaban cuando yo era un niño, y observo la luz especial filtrada del sol apartado, siento que las baterías de mi alma se llenan, mi espíritu se serena, y entro un poco en el cielo, con una especie de paz que no encuentro, desde luego, en el fragor del trabajo diario, siempre con la producción de adrenalina a tope.

¡El maldito tiempo, el no tener tiempo de nada, la escasez de tiempo y tiempo...! Muchos dicen que les falta tiempo a los que no se organizan. Bueno, yo creo que no, que le falta sencillamente al que no tiene suficiente para todo lo que quiere hacer. Y ahí me encuentro.

De vez en cuando, supongo que nos ocurre a todos, me vienen ideas bonitas, recuerdos estupendos, que sería magnífico materializar en ese momento. Otras veces, son tormentas de ideas, dignas, en mi opinión, de ser escritas. Pero en ese momento estoy en otras cosas, fuera de contexto, lo dejo pasar y, después, cuando en algún momento tengo tiempo y quiero retomar el hilo, entonces no sé escribir. Es complicado esto: cuando debes escribir, no lo haces, y cuando raramente puedes, no sabes. Así que, a falta de tiempo, este libro lo he escrito casi completamente en dos semanas; la primera fue durante el verano de 2005 y la segunda en el verano de 2006, ambas en Barbate, donde, al estar de vacaciones y sentarme a escribir, siento fluir los recuerdos, imparables, a borbotones, como al descorchar una botella de champán.

En fin, nos vemos. Esto no acabará aquí. Seguro.

El autor

El verdadero prólogo
(el de mi hermana Mari Tere)

En su prólogo, mi hermano comenta que posiblemente su anterior libro sobre Antequera estaba planeado desde su niñez en su mente, de forma difusa. Esta es para mí su principal virtud y, al mismo tiempo, su mayor defecto: su mente difusa. Escribe tal como ve las cosas en su mente, difusas. Por eso, cuando leo un escrito suyo, experimento unos sentimientos muy contradictorios, pues al mismo tiempo que me enternezco y disfruto con su contenido, sufro con su desordenada forma de plasmarlos y, sobre todo, con sus repetidas e irrecuperables faltas de ortografía, sufrimiento que él ignora y considera una simple «deformación profesional» de mi trabajo como maestra. Lo cierto es que le permito lo que jamás le he permitido a ningún alumno, y finalmente soy indulgente, le corrijo, le perdono y le adoro a pesar de que sé que lo volverá a hacer siempre.

Entre su maraña de pensamientos y sentimientos, como es lógico, encuentro algunos con los que me identifico, y otros en los que difiero. Pero hay algo en lo que jamás le daré la razón, la sempiterna y ancestral rivalidad fraternal: Diga lo que diga el autor, la preferida de mi madre era yo. Para eso soy la más pequeña de la casa, y eso no hay quien me lo quite. Seguiré siendo la «chica» aunque sea una anciana.

M.ª Teresa Sánchez-Garrido Reyes
Encargada de revisión, corrección y traducción

Índice

1. Los teléfonos de mi vida

El que cito a continuación no es un pensamiento actual, es un hecho histórico. Mi padre, en su papel de cartas, facturas, tarjetas de visita y demás impresos habituales, hacía constar en la típica letra cursiva, historiada y caligráfica que se empleaba en las imprentas de la época:

Cuando examino el texto y recapacito, me doy cuenta de cómo ha cambiado todo. Mi padre ya no está con nosotros, pero de todos los demás datos que se expresan en él, lo único que permanece igual es el nombre de mi calle y el de mi pueblo. Respecto al de la calle, tengo que reconocer que he sufrido una gran decepción. Su nombre, tan sonoro y familiar para mí en mis años mozos, incluso tan solemne, y de significado desconocido que yo atribuía a algún apellido ilustre, resultó ser que procede, según los entendidos, de que en la antigüedad, era la calle donde ejercían las «merecillas», o mujeres que desempeñaban el más viejo oficio del mundo. Tremenda decepción.

En cuanto al número, a pesar de que la casa permanece en pie, con esta manía de ir modificando los números de las viviendas, ahora ya no es el treinta y cuatro. No estoy de acuerdo. Para mí, los nombres y números de las calles deberían ser algo inmutable. Son así, han sido siempre así, y con los cambios solo se provoca confusión. ¿Por qué los alcaldes y alcaldesas permiten este baile de números?

Personalmente, opino que esto de modificar el número de la calle es algo así como cambiar el número del DNI de una persona. Las casas también deberían tener un DNI personal e intransferible que marcase sus características y señalase sus coordenadas, como forma permanente de localización. Y además, ya que hoy día se está informatizando todo, no sería mala idea adjudicar a cada calle un código, que precediera a su nombre. Así serían más fáciles de localizar mediante el código, igual que se procede con los distritos de pueblos y ciudades.

¡Y el teléfono! En este terreno, no solo ha cambiado el número, cosa lógica por la globalización de la telefonía, ni el modelo de aparato... Hasta la forma de llamar de entonces, era otra cosa. Para comunicarte, primero tenías que ponerte en contacto con la central de Telefónica:

—Señorita, quiero una conferencia con Sevilla, con el 4583. ¿Tiene mucha demora? —Esto cuando tenías la suerte de que la señorita recogiera la llamada...

—Señorita, que llevo una hora esperando que Vd. se ponga.

—Pues ha tenido suerte, porque hay muchas llamadas y no puedo estar a todas...

Uno en realidad no sabía si había muchas llamadas, o si la operadora hablaba con la operadora de otra centralita, de vaya Vd. a saber dónde. Uno no sabía si la señorita estaba peinándose o limándose las uñas, pero lo que sí ocurría invariablemente, o al menos así me lo parecía a mí, es que mientras más urgente era la llamada, más problemas había.

—Señorita, son las once de la mañana, la oficina a la que llamo cierra a las ocho de la tarde. ¿Cree Vd. que me podrá poner la llamada antes de esa hora?

—No se mueva del teléfono, señor, procuraré ponerla lo antes posible, pero hay muchos delante de Vd.

Así que había que hacer guardia y vigilar para que nadie usara el teléfono mientras no te llamasen para la conferencia, pues si estabas hablando, perdías la opción. ¡Cuántas horas junto al teléfono, fomentando la santa virtud de la paciencia!

Aunque otras muchas veces, desde la centralita, interrumpían inesperadamente tu conversación:

—Su conferencia con Sevilla.

Y decías todo nervioso al interlocutor: «Paco, Paco, cuelga, que estoy esperando una conferencia». Ante este motivo de fuerza mayor, el interlocutor comprendía y colgaba inmediatamente.

Uno se ponía a temblar, pensando en lo extraño y especial de hablar con alguien a ciento sesenta kilómetros de distancia. Era como pasar de lo cotidiano a lo sublime, a lo trascendental. También te estremecías calculando lo que iba a gastar el bolsillo, con la conferencia... Las telefonistas implacables, adjuntaban estadillos manuscritos, con la relación de llamadas y los importes de las mismas, en pesetas. Todos temíamos la llegada de estas facturas, que nos delataban, pues detallaban exhaustivamente cada llamada.

La cantinela de mi padre era siempre la misma: «Niño, acaba pronto, que vale mucho dinero». Y era exasperante sentir las largas despedidas telefónicas de algunos diciendo chorradas, con el gasto económico consiguiente en unos años de cierta carestía. Y no como ahora, con esa filosofía familiar en general un tanto despilfarradora, que toma su más alta significación en las postrimerías del año, con los excesivos regalos de Navidad.

Los recibos había que repasarlos.

—Señorita, se ha equivocado en la suma, ha puesto veinte pesetas de más.

—No se preocupe, lo comprobaré y se lo deduciré en el próximo recibo. —¡Qué distintas eran las cosas, comparadas con los actuales números de información!

En la fábrica de fideos de mi padre, el teléfono era el 495, y en almacén de calle Fresca, el 778. Por supuesto, no existen ni la una, ni el otro, ni sus teléfonos.

—Sé muy simpático con las telefonistas —me decía mi padre—. Tremendamente simpático; si no es así, es probable que una gran parte de tu vida se te pase esperando una conferencia.

Hablaba el maestro, hablaba la sabiduría.

En sus momentos de inicio, tener un teléfono en casa era un gran lujo, un avance increíble. ¡Podías hablar hasta con Barcelona sin salir a la calle! Porque en aquel entonces había mucho respeto a los kilómetros. A más kilómetros, más precio. Es lógico, y así nos lo enseñaron... Entonces, ¿por qué este concepto también ha cambiado? Por mucho que me lo expliquen, nunca comprenderé por qué hoy día, ir a Canarias y estar allí una semana, es más barato que ir a Sevilla, a echar el día... Todo cambia.

Antes se te entregaba una guía telefónica y se llevaba el repartidor la antigua. Y si perdías la antigua, tenías que pagar la nueva. No recuerdo si era cara o barata, pero la bronca que nos caía, eso sí me consta que era descomunal. Ante todo, no despilfarrar, ese era el lema de unos sabios progenitores que habían conocido la guerra y la carestía.

Ahora parece que España es el país del mundo con más móviles, por cada mil habitantes, creo recordar que algo así como seiscientos, y hay algunos que contribuyen a ello llevando tres o cuatro, como mi buen amigo Javier Aguado. «Este es el particular —me dice— este de mi empresa Viaguado, aquel otro de no sé qué empresa y así sucesivamente...». Es entretenido observarle cuando suena un móvil, cómo los va cogiendo nerviosamente de uno en uno y llevándoselos a la oreja hasta atinar con el correcto.

No hace mucho, estuve en una reunión a la que asistíamos unas catorce personas aproximadamente, y me llamó la atención que en vez de hablar los unos con los otros, que es en definitiva para lo que estábamos allí, cada uno de los asistentes estaba hablando con un móvil, menos yo. Estaba estupefacto, me entraban ganas de también llamar y hablar más fuerte que los demás, de acabar con aquella situación absurda, como muchas de las que hoy día se dan con estos teléfonos.

Como yo maduro despacio y tengo muy recientes mis anteriores experiencias de niño, noto que estas me hacen ser todavía en cierto modo un lacónico telefónico. Se ve que me enseñaron muy bien que el teléfono no sirve para charlar, sino para informar brevemente y tomar decisiones si procede.

En las oficinas de Cros, en Sevilla, de calle Marqués de Paradas, cerradas estimo aproximadamente en el año 1970 más o menos, dentro de un artesonado espectacular de oficinas de finales de siglo XIX, con mostradores de madera maciza, había una enorme cabina de teléfonos antigua, de madera pesada, y acolchada por dentro. Era el único teléfono para toda la oficina, en la que trabajaban quizás más de veinticinco personas. El protocolo para acceder a una llamada era muy laborioso.

—Sr. Fontela, ¿puedo llamar por teléfono?

El Sr. Fontela preguntaba inmediatamente:

—¿Adónde?

—Pues a La Algaba.

—¿A La Algaba? ¿Para qué?

—Para reclamar un cobro.

—Pues no. Pon un escrito, que sale más barato.

No llegué a trabajar en aquellas oficinas, solo fui alguna vez de visita, y observaba cómo llamaban los empleados mientras alguien controlaba el teléfono desde fuera de la cabina. Cuando te pasabas de los minutos para los que te habían dado permiso, el encargado llamaba con los nudillos para que saliese el parlante, a la vez que se anotaba en un libro de registro, la persona, el día, la localidad y los minutos, para contrastar con los recibos de la telefónica, en aquellos tiempos Compañía Telefónica Nacional de España.

Esa monumental cabina de teléfonos quedó grabada en mi memoria. Cuando pasé a Cros, supe que la oficina de Marqués de Paradas llevaba cerrada quizá diez años. Me desplacé hasta allí y el cuadro era desolador. Aquella oficina, otrora un hormiguero de actividad, era ahora un inmóvil cementerio de escombros y muebles rotos. El polvo era tremendo, intenté acceder a la cabina y me fue imposible, así que envié a unos obreros que consiguieron llegar hasta ella y desmontarla. Posteriormente la trasladaron a mis nuevas Oficinas en la Fábrica San Jerónimo. Allí la instalaron y era la joya de la corona, llamando la atención de todos los visitantes. La cabina era una referencia en mi vida, una constante para mí, y llegó a ser muy emblemática para todos los trabajadores de aquella empresa.

Con el tiempo, volví a cambiar de trabajo, dejé aquella oficina y echaba de menos mi cabina. Un día, supe que la fábrica había cerrado y se había quedado con ella un chatarrero, para dejarla a cota cero, así que de nuevo partí a la búsqueda de mi cabina. El chatarrero me indicó que no se vendía, que había decidido llevársela a su casa, a Bilbao. Sufrí pensando que había perdido definitivamente mi cabina, viéndola partir imaginariamente rumbo a tierras lejanas.

Inesperadamente, un tiempo después recibí una llamada del Sr. Morales, un amigo que aún habitaba en una de las viviendas de aquella fábrica, en aquel momento en demolición:

—José Luis —me dijo—, el chatarrero con el que hablaste, no llegó a llevarse la cabina, y ha traspasado la demolición a otro chatarrero. Ven y habla con el actual, a ver si puedes recuperarla.

Allá fui enseguida, negocié la compra en 60 000 pesetas de las del 94, acudimos muy ilusionados a desmontarla con algunos de esos buenos amigos que todavía quedan, como Julián Medinilla, y la subimos a un camión. La traje a Antequera, donde ha habido que desmontarla otras dos veces, hasta ocupar un lugar, diremos, definitivo por el momento. «¡Pesa como un muerto!», me dicen invariablemente todos los que han intervenido en algunos de estos traslados. Será un muerto muy grueso, pienso yo... Los habrá de todos los calibres.

Pero ¡allí está! Solo que no tenía teléfono en su interior. Era una paradoja: un magnífico habitáculo diseñado para contener un teléfono, y carecía de él. Tampoco podíamos ponerle uno normal, que desentonara con la majestuosidad de las maderas. Afortunadamente, mi cuñado José Pineda, siempre tan detallista, me ha conseguido uno negro grandote antiguo, reparado por él. De todas formas, sigue siendo una paradoja: tengo en mi casa una estupenda cabina para hablar por teléfono, que no tiene línea telefónica. Mejor, así no necesito apuntar nada en el libro de registros. De todas formas, no me gustan las conversaciones telefónicas, así que de vez en cuando, me siento dentro de ella y me invade una sensación de relax. Sí, es una tontería, pero es un buen lugar para meditar. Y mucho menos estresante que esas modernas centralitas. Ahora, con esto de la digitalización, y de las máquinas que emulan la voz humana, y que, dicho sea de paso, no soporto que te contestan:

—Está Vd. Hablando con X. Si desea hablar con Administración marque el uno, si quiere hablar con Ventas marque el dos, si quiere hablar con Laboratorio marque el tres.

—¡Oiga, que quiero hablar con una persona! ¡Escúcheme, es aburrido esto de hablar con una máquina!

Pero supongo que con el tiempo nos acostumbraremos. Al menos, es más barato. Y esos contestadores impersonales sirven para informar, no para conversar. Como me enseñaron mis mayores.

2. El adiós a mi padre

Mi padre fue irrepetible. A simple vista, esta es una frase que cualquier hijo puede decir de su padre, claro. Pero la mezcla de características que componían su carácter configuraba una personalidad imposible de olvidar. Cualquiera que le haya conocido puede corroborar que era un hombre espléndido, cariñoso, muy trabajador, limpio, bromista, alegre y al que también le gustaba mucho divertirse.

Mi madre pasó su vida pendiente de él, y nos enseñó a nosotros a hacer lo mismo. Así que, durante los meses que estuvo enfermo, mientras la horrible enfermedad deterioraba lentamente cada uno de sus órganos, todos estuvimos a su alrededor, atentos a él, como merecía. En el hospital, en casa, siempre había una nube de amigos y familiares que se acercaba a darle compañía, pues recogió lo que había sembrado. Pero ninguno con la entrega de mi madre. Ella no se separó de él ni de noche ni de día, salvo en contadas excepciones. Un día que fui a visitarlos al Hospital Clínico de Granada, encontré a mi padre animado y con buen aspecto, paseando alegremente en pijama por los pasillos, bromeando con médicos y enfermeras. Me sentí feliz de verle como siempre, recuperando sus habilidades sociales. Mi madre, en contraste, parecía estar gravemente enferma, había perdido peso, tenía ojeras y muy mal color. Él, nada más verme, me pidió que la llevara fuera a comer para que le diera el aire, y nos costó Dios y ayuda convencerla, no había modo de separarla de él. Cuando atravesamos la puerta de entrada y salimos a la luz del día, camino del Restaurante Cunini, mi madre levantó los ojos al cielo, como un prisionero que vuelve a contemplarlo después de largos años de reclusión, mirando extrañada el bullicio, la gente que reía, comía y gritaba a su alrededor, como ofendida contra el mundo que seguía girando mientras su marido se debilitaba y se consumía en aquella cama del hospital.

A pesar de su grave enfermedad, el buen humor y su sonrisa, sus buenos «golpes», le acompañaron hasta aquel último momento. La noche que falleció, yo estaba de guardia en casa. Como era habitual, pasó a visitarle el practicante Juan Vegas. Este hombre, grande por dentro y por fuera, vecino afable y buen amigo, ha sido nuestro ángel de la guarda en todos los grandes y pequeños males familiares que a lo largo de los años nos han acontecido. Siempre tenía para nosotros, y para todos sus pacientes, unas palabras de aliento y una gran sonrisa, consiguiendo que con su sola presencia nos sintiéramos comprendidos, reconfortados y aliviados.

Pero aquel día, no. Como el gran profesional que era, Juan percibió la gravedad de la situación. Quiso prepararme para el duro trance que se avecinaba y, antes de marcharse, me miró con sus grandes ojos llenos de tristeza y me dijo: «Esta noche es la última, no llegará al amanecer». Lo dijo con solemnidad y seguridad, sin albergar ninguna duda, y pensé que aquello era imposible de predecir. Pero no. Acertó.

No quise comentar nada a mis hermanos, quizás me negaba a creerlo. Se acababa de jubilar, estaba comenzando a vivir una nueva vida, una pacífica, madura y merecida nueva vida. No podía marcharse sin disfrutar esta oportunidad, era tremendamente injusto. Me senté a su lado, en un sillón, escuchando su respiración en la oscuridad de esa amplia habitación donde tantas noches había descansado, donde nosotros, sus hijos, habíamos venido al mundo, y sobre las 3:30 de la madrugada aproximadamente, noté que comenzaba a respirar un poco más fuerte. Me acerqué y me quedé mirándole fijamente. Simplemente dejó de respirar, quedó estático. Yo no podía creer que se despidiera así, que este fuera el final de toda una vida de una persona tan lúcida y genial. ¿Es tan fácil pasar de la vida a la muerte? Sobrecogedor.

Minutos después, intenté sobreponerme y reaccionar, no sabía cómo comunicárselo a los demás. Me quedé paralizado delante de las puertas de los dormitorios, buscando las palabras para comunicárselo a mi madre, a mis hermanos que descansaban. No hicieron falta las palabras. Todos, al oír el sonido de mis nudillos en la madera de la puerta, adivinaron lo que había ocurrido. Allí, sin palabras, entendiéndonos y consolándonos, los que llevábamos su sangre por nuestras venas, los que nunca le olvidaremos por más tiempo que pase, permanecimos abrazados durante mucho tiempo. Solo oímos la resignada y temblorosa voz de mi madre que, a pesar de que era la que más sufría, intentó, como siempre, consolarnos, diciendo:

—¡Qué le vamos a hacer! ¡Así deja de sufrir! ¡Dios lo tenga en su gloria!

Bendita seas, mamá. Siempre encontraste las palabras oportunas para amainar nuestras angustias y animarnos a vivir.

3. Mi padre, un maestro

Estar al lado de mi padre, en el mostrador, lo he dicho en algún discurso, era, valga la redundancia, estar en la mejor universidad del universo, era como escuchar al mejor catedrático del mundo. Allí se aprendía filosofía, humanidades, deportes... política poca, pues en aquellos tiempos era una asignatura prohibida que brillaba por su ausencia.

Las relaciones humanas eran un capítulo fundamental, y también, ¡cómo no!, el humor, por el que mi padre era bien conocido. Y la amabilidad y cariño hacia los demás. Y cierta esplendidez, a pesar de los malos tiempos que corrían, no había tacañería. En su negocio, no. Todo lo contrario. Quizás por ello siempre estuviese la tienda llena. Era un artista. Osado en las compras, adquiría más de lo que yo pensaba que podía venderse en un tiempo racional.

Era una tienda donde, a mediodía, era costumbre tomar la cerveza con algunos amigos, y el que llegara a comprar a aquella hora quedaba automáticamente invitado. Te sentías como en un moderno club social, pero con un ambiente distendido, donde cada uno se sinceraba y se compartían las penas y las alegrías de los demás. Mi madre nos decía: «Hijo, asómate a la trastienda y dile a papá que se le va a enfriar el puchero». ¡Cuánto respeto a mi padre! Nos acercábamos sigilosamente al grupo de amigos, saludábamos y le comunicábamos el recado muy bajito para no molestar a la concurrencia. Él siempre aprovechaba para presumir un poco del hijo de turno, proclamando nuestra altura, nuestras notas, nuestro buen carácter... Aquello ayudaba a aumentar la confianza y subir la autoestima, y eso que él no había hecho ningún moderno curso de psicología para padres como se hacen hoy día...

La nuestra era una tienda sin horarios, de las que abrían muy temprano y no cerraban a mediodía, de las que permanecían abiertas hasta las doce de la noche. Mi madre se turnaba para dar servicio en cualquier momento que el cliente lo deseara.

Con las cuentas a lápiz, en papel de estraza, como mandan los cánones, y nada de cartuchos ni bolsas de plástico, entonces desconocidas, sino haciendo el envoltorio magistralmente con el mismo papel de estraza para los garbanzos, lentejas, alubias o cualquier producto de la tienda de ultramarinos, palabra en realidad inadecuada, pues pocos de aquellos productos procedían de ultramar. Tampoco era fiel a la verdad la palabra «coloniales», pues los artículos no venían de las colonias, que yo sepa.

Mi padre, que tenía una letra horrorosa que yo curiosamente he heredado, a falta de ficheros y archivadores, clavaba las facturas en unos ganchos en los que se almacenaban las cuentas y los pedidos, y después, cuando había muchos, se sustituía el pincho por una cuerda y todos, engarzados por dicha «guita», se colgaban en una puntilla en las vigas de madera del techo de «las cámaras». Eran unos maravillosos archivos colgantes, llenos de polvo, y lejos de los ratones, que mi madre no nos dejaba tocar.

—Niño, trabaja, estudia y ahorra —me decía—. La vida es larga, y conviene ahorrar para que cuando se llegue a viejo, no haya que depender de nadie.

Esto, oído de niño, cuando tu mente es totalmente absorbente, y dicho en los momentos adecuados, percola en la estructura craneal, y queda allí en *standby,* como dirían los americanos. Arraigando, como diría yo, un antequerano.

El maestro, en aquellos tiempos de situación difícil, con inflación de hasta el 20 %, y gastos bancarios (que hoy día continúan asfixiándonos, en la misma línea) terribles para el pequeño comerciante, repetía una y otra vez:

—Trabajo para los bancos. Entre pólizas, papel al descuento y varios, no nos dejan nada para nosotros...

En la Universidad del Mostrador de la calle Merecillas, donde me formé, me instruí en relaciones con los vecinos, aprendí que no existen las diferencias de

61

clases, y que todos somos iguales: el que descargaba camiones, el director del banco (que no es como ahora, en aquellos tiempos había tres en Antequera, más el Banco de España), el médico, el notario, el vecino y el que pide limosna.

Este último era muy bien atendido, y se le imponían unos días de visita, «no vuelvas por aquí, hasta el mes próximo sobre el día quince, que te tendré algo bueno preparado». El mismo tratamiento para todos, todos éramos iguales allí, y eso que no había llegado ni remotamente la democracia. Franco reinaba por muchos años.

La universidad de los padres es la mejor universidad para los hijos, admiro a aquellos hijos que se dejan influenciar por sus padres, que los escuchan, apoyan y hacen causa común con ellos. ¡Quién mejor que un padre para ayudar a sus hijos! ¡Quién con más cariño y menos interés! Aborrezco a los que, careciendo de empatía, ignoran sus puntos de vista, adquiridos con sus experiencias y el paso de los años, y quitan valor a su forma de pensar.

En la universidad de la calle Merecillas, no solo había un profesor, sino que a veces se celebraban incluso solemnes claustros. En estas reuniones, mi padre actuaba a modo de catedrático de economía, y el Sr. Antonio Jiménez Mingorance, el barbero, era el de filosofía pura, griega y romana, con su gesto hierático, hermético, flemático. Y nuestro buen vecino y amigo D. José Cuesta Anguita, era profesor de ciencias sociales y de deportes.

Se organizaban verdaderos debates en los que yo era un mero espectador que jamás hubiera osado interrumpir. Allí la sabiduría alcanzaba cotas increíbles de buen hacer, de sensibilidad, de cierto humor, de amistad, de camaradería. Yo, niño pequeño en la esquina, discreto, arreglaba papeles y escuchaba, mirando de reojo con envidia y admiración, sin perder puntada. ¿Saben hacer esto los niños de hoy? No tienen tiempo, tienen que ver la TV, jugar a la PlayStation o la Nintendo, ir a clase de taichí, asistir al cumpleaños de su amigo, en el que hay instalado un castillo inflable y actúan animadores o payasos... Muchas «ocupaciones», pero no hemos sabido enseñarles algo tan sencillo como escuchar pacientemente, saber esperar a que terminen de hablar los mayores.

Para nosotros no existía el «me aburro», porque los padres nos hubieran buscado rápidamente una ocupación alternativa, un trabajo duro a realizar. Hoy, los papeles se han invertido. Son algunos padres los que, paradójicamente, no se atreven a interrumpir a sus hijos cuando juegan a las maquinitas, se quedan embobados cuando el pequeño tirano abre la boca demandando un nuevo artefacto con marca (¡nada de imitaciones, por Dios, que mi niño las distingue!). Como decían mis abuelos: «¡Adónde vamos a llegar!».

Yo no fui un niño así, pero no es mérito mío. Es que tuve una inmejorable profesora de paciencia: mi madre. Ella poseía un espíritu incansable de trabajo, una gran abnegación. Sabía transmitir sus convicciones, y yo aprendí de su fidelidad, de su sentido del orden, de su equilibrio y justicia. Si cualquiera de nosotros hoy día tuviera que pasar por los avatares que pasó ella, cogería una baja por depresión; los vaivenes de la vida, hoy nos generan traumas porque somos débiles. A ella, sin embargo, la endurecieron, la curtieron, la hicieron más humana, más generosa, más comprensiva, más grande, más buena.

Así que ahora que no los tengo, hablo mucho mentalmente con mis maestros, y siempre los vengo echando de menos.

4. Las cámaras

Para los verdaderos antequeranos, huelga explicar qué son «las cámaras». En aquellos días, casi todas las casas constaban de un piso superior destinado a almacenar «los cachivaches». Las cámaras de nuestra casa familiar de la calle Merecillas ocupaban toda una planta, y el suelo de las mismas vibraba al pisarlo, retumbando en mis oídos e imponiendo en mí un cierto miedo. Como no estaban destinadas a ser habitadas, las vigas eran muy ligeras.

Después había un falso techo sobre la escalera, a modo de trastero, que tenía libre acceso desde las cámaras. «No subáis allí —me decía mi madre—, ese techo es muy frágil, se puede hundir y podríais caer por el hueco de las escaleras». Y era efectivamente así, muy débil.

En aquellos cien metros cuadrados de las cámaras había de todo. Su visión era todo un espectáculo para nuestros ojos de niños. Como instalación fija, disponíamos de dos depósitos de agua de mil litros cada uno, a modo de aljibe.

En las vigas redondeadas y pintadas del techo inclinado a dos aguas, y de solo 1,30 metros en la parte más baja, se colgaba la matanza de Navidad: morcillas, chorizos, algún jamón, huesos… en fin, todo lo que se podía sacar de los dos o tres marranos que se mataban, se colgaba allí, despidiendo un delicioso aroma. También recuerdo que había orzas, cajas, hasta camas desmontadas, no sé para qué. Y una cuna de madera en la que, uno tras otro, todos los hermanos habíamos pasado nuestros primeros años de vida, y que aún conservo. Y la trona donde nos sentaban de pequeños para darnos de comer. Se guardaba todo: muebles, lámparas, tiestos de macetas… No se tiraba nada. Y no es que tuviéramos el síndrome de Diógenes, como se diagnosticaría hoy día. Es que los dueños habían conocido la posguerra.

Por si todos aquellos cachivaches eran pocos, un día mi padre compró todos los restos de una papelería de la calle Carreteros que acababa de cerrar, hizo un lote y se quedó con todas las existencias, que por supuesto fueron a parar a las cámaras. Para los niños fue como el cofre del tesoro: allí había cuentos, cuadernos, sellos de caucho, grapas, papeles de archivos, mil cosas de la papelería… ¡Era un pozo sin fondo!

Dada mi mente cuadriculada, recuerdo que ya desde pequeño hice algún impresionante esfuerzo intentando clasificar las existencias, ordenando lo imposible de ordenar. No lo conseguí, claro.

Pero las cámaras eran un espacio polivalente: lo mismo servían para tender la ropa que para hacer gimnasia, de hecho, de jóvenes tuvimos un lugar especialmente destinado para ello, donde los cuatro varones disponíamos de pesas, trapecio, plano inclinado y otros artilugios, algo insólito en los tiempos que corrían. También allí se me preparó un despacho para disponer mis libros y estudiar, que verdaderamente usé poco para dicho fin, aunque era un sitio fantástico para aislarse y leer algún libro más o menos prohibido, incluso para observar el ir y venir de los vecinos en sus trajines. Fue el lugar donde en mis años jóvenes me refugié a escribir y a soñar.

Poco después de comprar yo la casa, el techo se hundió y apareció un agujero de un metro de diámetro. Aunque me hubiera gustado conservar intacta aquella estancia repleta de recuerdos gratos, me explicaron que las vigas estaban carcomidas, por lo que habría que hacer un nuevo suelo. Y ya que estábamos metidos en faena, pusimos un techo más alto. Antes de que entrasen los obreros hubo que tirar todas aquellas cosas entrañables que todos, menos yo, califican de «trastos», así que el resultado es que ya no hay cámaras. En su lugar, existe una gran sala de cien metros cuadrados a la que me niego a llamar de la misma forma porque no tiene la misma vida, la misma intimidad. Mis cámaras se perdieron, lo que hay hoy es mucho más funcional, más práctico, más higiénico, más ordenado..., pero no son las cámaras.

Por eso, a esta planta la llamo el «museo», y he puesto allí algunas de mis pinturas preferidas.

Es que hoy día no queremos guardar nada, las cosas que no sirven se regalan, se donan, se venden o se tiran. Parece que la consigna es vivir al día e hipotecarse al máximo, y no estoy de acuerdo. Admito y comparto la evolución, pero teniendo un respeto al pasado. Si no quedan recuerdos materiales y tangibles del pasado, este se evapora en el caos del presente. Dejemos pues recuerdos de nuestro paso. Lógicamente positivos.

5. Los discos de 45 r. p. m.

Y como yo soy partidario de guardar las cosas, al menos las que me dejan, aún tengo una buena colección de discos. Recuerdo con nitidez cuando mi padre compró en casa Herrera, en calle Estepa, más concretamente en Casa Philips, un tocadiscos de la marca mencionada. Le llamábamos «el picú», pues como nuestro inglés era tan elemental no sabíamos que en realidad era *pick up*.

Era una maleta pequeña de cuadritos de color marrón, nos sentíamos como privilegiados por disponer de tan alta tecnología, y lo cuidábamos como una auténtica joya. La tapadera tenía el altavoz incorporado; la desmontabas, ponías música y te creías en otra galaxia. Constantemente nos repetían: «¡Ten cuidado, no vayas a estropearlo! ¡Cuídalo muy bien que vale carísimo!». En aquellos tiempos de hegemonía de la radio, en los que la televisión apenas se conocía, el tocadiscos constituía un lujo asiático. Ahora, me han dicho que aquella maletita vacía la tiene mi sobrina Esther con los botes de Kanfort, los cepillos y las cremas de los zapatos. Al menos, no acabó en un contenedor de la basura.

¡Y qué me cuentas de los discos «microsurco» de 45 r. p. m.! Cuando aparecieron, arrinconaron de la noche a la mañana, sin contemplaciones, a los discos de 78 r. p. m. que solo tenían una canción por cada cara. Estos nuevos «microsurco», mucho más pequeños y con dos canciones por cara, eran una auténtica revolución, el colmo de la modernidad. «¡Increíble, ya todo es posible!», pensábamos ingenuamente. Con ellos entré en el mundo de la innovación tecnológica. El vendedor me dijo que mi tocadiscos, en cuyas instrucciones proclamaba «Hi-Fi», tenía un sonido de «alta fidelidad», es decir, no baja fidelidad, ni tan siquiera media fidelidad, sino la cúspide de la fidelidad, el no va más tecnológico del sonido en aquellos momentos. Fidelidad, bonita palabra.

Mi madre protestaba: «Esto no es necesario, esta compra es un lujo y no estamos para lujos, hay muchos gastos. Estamos malcriando a los niños». Pero mi padre no era tan económico, le gustaba estar al último grito de la técnica, gen heredado por mi hijo David, que adora estar al día en materia tecnológica.

En aquellos años, escuchar el tocadiscos microsurco era casi placer de dioses. Recuerdo los discos de «La voz de su amo»: Teníamos a Juanita Cuenca, que me encantaba, con su «Casita colgante»; a Gloria Lasso con «Una casita en Canadá», y, cómo no, a Renato Carosone con su Picolissima Serenata... En fin, la mente se pierde en celebridades de entonces, que a nosotros nos traen nostalgias y a los jóvenes no les suenan de nada. Me acuerdo especialmente de la canción «Dieciséis toneladas» de José Guardiola, sobre todo porque estaba convencido interiormente de que la cantaba prácticamente igual de bien que él. ¡Eran otros tiempos!

Mi padre sobre todo compraba discos de flamenco que yo no apreciaba en aquellos momentos, pero que poco a poco he aprendido a disfrutar. Llegamos a tener un total de treinta o cuarenta microsurcos, que guardábamos como oro en paño. Hoy día, comparado con lo que puedes almacenar en un MP3, suena irrisorio, pero para nosotros era un auténtico tesoro.

Al ser algo tan valioso, llevarse el tocadiscos a la calle estaba vedado, ninguno de los hermanos tenía permiso: «¡Ni hablar, ha costado muy caro, y vaya a ser que entre los amigos se estropee. Nada. Si queréis un tocadiscos que lo lleve otro, o bien os conformáis con una radio. Este tocadiscos no sale de la casa». Y no había más que hablar. Las razones eran poderosas. Una cosa era el lujo y otra el derroche.

A partir de aquí, los dispositivos que se han usado para la música han sido muchos, y tengo la impresión de que evolucionan más rápido de lo que yo puedo asimilar. Los de nuestra época hemos pasado por los *long play,* los casetes, los CD, el MP3... Llegó un momento en que me desvinculé de esta locura, dejé de interesarme por los nuevos formatos y lo único que uso son unos tristes casetes en el coche, sistema que nunca llegó a gustarme tanto como los discos, quizás su larga duración les hace perder la magia.

Hace unos cuarenta años, cuando Trini y yo éramos novios, me regaló un tocadiscos Philips de color madera, que todavía conservo. Poco después me sorprendió con un magnetófono también de la misma marca, que también conservo. Yo los conectaba el uno al otro y obtenía un sonido «estereofónico» con los dos altavoces, ¡qué más podía pedir al mundo! Y en aquellos tiempos esto era caro, recuerdo que unas 11 000 pts. el tocadiscos y unas 14 000 pts. el magnetófono. Estos primeros regalos que recibes en la vida, fueron muy importantes y significativos para mí, que los consideraba muy valiosos.

Después de casarme, a mi equipo musical añadí una magnífica radio, obtenida con mucha paciencia y con los puntos del Concurso de Seguridad de Esso Amoniaco Español. Eran unos puntos mensuales que la empresa nos daba por no tener accidentes laborales; cuando tuve un buen número acumulado, me desplacé a Málaga a canjearlos y elegí la que sería para siempre «mi radio». Tuve que poner algo de dinero, pero mereció la pena a la vista del buen resultado que me ha dado y la compañía que me ha prestado.

Volviendo a los regalos, no nos engañemos, pues no todo lo que nos regalaban aquellas novias era tan práctico. ¿Por qué tendrán nuestras parejas la manía de castigarnos con regalos absurdos? Nunca lo entenderé. Ya siendo muy jóvenes, Trini me regaló una «pitillera», si bien yo no fumaba nunca. En otra ocasión, me agasajó con un gigantesco anillo con un pedrusco brillante, conociendo que yo jamás he sido capaz de usar un anillo en una mano, ni por supuesto un reloj, objetos que considero estorbos que entorpecen mi vida. Pero supongo que ella debió haber visto algún galán de cine adornado con estos artilugios, e intentó con su mejor voluntad hacerme semejante a él.

Ni con la edad ha dejado de regalarme cosas inservibles. Sin ir más lejos, hace tres años en Navidad me ofreció un magnífico trompo eléctrico. ¡A mí, que hace veinte años que no hago un agujero, que soy un mongolito doméstico! Y no me considero culpable de ello, porque se me educó así. Ahora los tiempos han cambiado: mis hijos cocinan, lavan, planchan, en fin, son polivalentes, yo soy tan solo monovalente.

Hace un par de años, también por Navidad, mi mujer me sorprendió con una banqueta inclinada para hacer gimnasia. Hice dos flexiones para probarla y le dije: «¡Trini, yo no hago más gimnasia si nadie me paga por ello!». Y hasta hoy.

Y el año pasado me regaló una vitrina de cristal para la cocina. Le dije: «¿¿Para qué me regalas un armario? ¡Regálame una corbata, por ejemplo, pero un armario! ¡Cómpralo tú si te hace ilusión!».

Se ve que mis protestas han hecho efecto, ya que las últimas Navidades la cosa ha sido diferente, me han regalado una colección de DVD de películas del oeste de las que me gustan, de las que ganan siempre los buenos y en general mueren muchos indios. Me encanta visionarlas con el proyector en la pantalla gigante, placer actual audiovisual altamente gratificante, pero que en absoluto sustituye al deleite experimentado en la sesión infantil del cine Torcal.

Dicen que en la Edad Media, los reyes, marqueses, duques, y personajes de la nobleza, tenían en sus castillos su propio teatro para disfrutar las representaciones con su familia y amigos. En mi casa de la calle Merecillas, la pantalla gigante de la biblioteca, donde me siento a ver las películas de indios y vaqueros en las tardes frías de invierno, con la chimenea crepitando, es de alguna manera en la modernidad una reproducción de los antiguos teatros. Las representaciones virtuales en la pantalla, me hacen sentirme un poco duque de la nada, marqués de las estrellas y rey de mí mismo.

6. José Amat enseñaba a escribir a máquina

Era en la calle Cantareros, que no viene de cantar, sino de cántaro, pues se dice que en la antigüedad fue la calle donde estaba instalado el gremio de la alfarería. No comprendo que se llame ahora Ramón y Cajal, si este señor no era de Antequera, y los cántaros sí que lo eran.

En mi mente, como si fuera ayer, veo aquella fachada estrechísima, la anchura de la casa equivalía a una sola habitación. Y en la entrada de la planta baja, en la que había instalado un negocio de no recuerdo qué, existían unas estrechísimas escaleras que subían a otra planta, en la que encontrabas una nueva estancia de las mismas medidas. Y sobre ella, otra más. Todas daban a la fachada y estaban dispuestas con mesas contra la pared. Encima de estas mesas, nos esperaban numerosas máquinas de escribir negras de distintas marcas, quizás treinta o cuarenta máquinas entre la primera y segunda planta. Ante ellas, muchos antequeranos y antequeranas de mi época pasamos largas y tediosas tardes de nuestra vida, sentados en las viejas y destartaladas sillas dispuestas sobre el agrietado suelo que formaba cenefas descoloridas, acompañados del arrítmico repiqueteo de nuestras inexpertas manos y de los inevitables quejidos que escapaban de nuestras bocas, sudorosos en verano, helados e incluso con sabañones en invierno, convencidos de que nos estábamos preparando para nuestro futuro laboral con las más modernas tecnologías existentes en el mundo.

Don José Amat era muy ceremonioso con sus máquinas, no sé si viejas o antiguas, de marcas como Underwood, Hispano Olivetti, pesadas como ellas solas, unas de carro corto y otras de carro más largo, que se usaban en las oficinas para escribir letras de cambio. Siempre pensé que el Sr. Amat compraba todas las máquinas viejas que encontraba.

Él te enseñaba a escribir con todos los dedos, asignando a cada uno de ellos unas determinadas teclas, y te daba un dibujo con el teclado y los dedos que había que usar para cada tramo de letras. Recuerdo con horror el calvario de la primera clase, cuando aprendí para siempre que a la letra «a», que está en el extremo de la izquierda, le correspondía el dedo meñique de la mano izquierda, que puede que fuera la primera vez en mi vida que tenía que mover aisladamente, y a la letra «m», el índice derecho, este un poco más hábil.

No se andaba con contemplaciones: «¿Lo has entendido? Muy bien, pues ahora, con este papel que hay que aprovechar desde el primer hasta el último milímetro, tanto desde arriba hasta abajo, como desde un lado hasta otro, me escribes doscientas veces «mamá», y cuando lo hagas, vienes y me lo enseñas».

Sí señor, así se aprendía a escribir a máquina. Con un teclado muy duro y con un dedo pequeño muy tierno, que se doblaba y no podía accionar la tecla. Pero el Sr. Amat, te animaba. «No te preocupes, eso pasa siempre, los dedos se irán robusteciendo poco a poco». Y tú, que apenas habías comenzado el tercer renglón y ya sentías calambres no solo en los dedos, sino hasta en los brazos y las axilas, pensabas que doscientas veces era tarea imposible.

Pero no, había que perseverar.

—Descansa unos minutos y después continúa, pero que sepas que tu padre ha pagado y tienes que estar como mínimo una hora, o más si tú quieres.

Y así, con tu meñique contracturado, dolorido y destrozado, sudando, sufriendo, incluso, lo confieso, soltando alguna lágrima de impotencia, llegabas después de muchos minutos a ver escritas el número de palabras exigido. ¡Por fin! Muy satisfecho, te dirigías al profesor, pensando que habías concluido. Él, sin titubear, replicaba:

—Muy bien, pues ahora escribe ciento cincuenta veces la palabra «patata».

—Sr. Amat, por favor, más dedo pequeño no. No puedo, me duele el hueso del meñique, me duele la cabeza y el alma.

El Sr. Amat, que era comprensivo, decía:

—Bueno entonces mañana cuando vuelvas, tendrás que hacerlo doscientas cincuenta veces. Ahora escribe solamente doscientas cincuenta veces «tomate».

Y así un día y otro día, y después pasabas a escribir oraciones cortas, lo cual era como llegar a un curso superior.

—Hoy escribirás trescientas veces «en la plaza hay berenjenas». Y allí me tienes. Con las berenjenas arriba y abajo.

—¿Cómo va el niño? —preguntaba mi padre al Sr. Amat.

—Va, va, va bien.

Era tan duro, tan monótono, que muchos desistían y no aparecían más. Por eso, supongo, él cobraba los meses por adelantado. No eran caros, por lo que iba mucho personal y tenías que acomodarte a la hora que se te asignaba.

En las siguientes etapas, las frases eran más largas: Conseguí superar «Había un gato en el tejado», «El perro del hortelano ni come ni deja comer» y varias sandeces por el estilo… ¡Y desde allí al cielo! El colmo de la felicidad fue cuando un día me dijo:

—Bueno, ya has cumplido, ahora me copias treinta veces esta página entera del libro.

A partir de entonces, empezó a medir con el reloj los tiempos que tardaba en una página.

—Bien, vas bien —me animaba—, haces ya noventa pulsaciones por minuto. Dentro de tres meses tienes que alcanzar entre doscientas y doscientas cincuenta.

Este nivel parecía algo inalcanzable. Pero bueno, lograbas ir cogiendo cierto ritmo, practicando a diario. Es algo que tengo que agradecer al Sr. Amat, pues mi velocidad al mecanografiar es aún bastante buena. ¡Qué lástima que esta velocidad no lleve asociada una buena ortografía! Según una teoría de mi cuñado Pepín, mi mente va más deprisa que mis enormes manos, y cuando leo lo que he escrito, encuentro palabras desordenadas, letras bailando, frases sin sentido para los demás, que desesperan a mis hermanas, tan buenas maestras ellas. Seguramente soy un disléxico y un disortográfico sin diagnosticar. ¡Qué le vamos a hacer, no se puede ser perfecto! La perfección me aburre; gracias a mis imperfecciones, los demás pueden entretenerse criticándome. El mundo sería muy aburrido si todo fuese perfecto.

Mi padre, orgulloso de mis progresos, presumía ante los vecinos:

—Mi hijo, con dieciséis años, ya sabe escribir a máquina muy rápido.

Incluso me compró una máquina portátil, en forma de maletín, que me acompañó fielmente en Sevilla durante los estudios de perito agrícola (donde fui número uno de la promoción, y como lo fui, pues lo digo), y me ha seguido acompañando siempre hasta que fue imprescindible sustituirla por el ordenador.

Hace poco leí un anuncio en el periódico: «Con nuestro programa de mecanografía, usted aprenderá a escribir a máquina con soltura y velocidad en tan solo siete días, en su propia casa, sin ayuda y con su propio ordenador». ¿Sin dolores de dedo meñique? ¿Sin calambres? No me lo creo. Las cosas se adquieren con trabajo y perseverancia, es mi experiencia, y no confío en los métodos ultrarrápidos, se salen fuera de mi intelecto. Soy lento, pero seguro. Y me encanta haber aprendido en aquellas viejas máquinas del Sr. Amat. Tanto, que no he parado hasta encontrar una vieja máquina, que conservo como homenaje a su academia. ¡Quién sabe cuánta influencia han tenido aquellos sufrimientos sobre mi carácter y mi manera de enfocar pacientemente la vida!

7. La hornilla de leña

Hemos conservado hasta hoy la hornilla de mi madre, en la calle Merecillas. Era la hornilla de aquella cocina en la que tantas horas pasó ella, en la que durante años trabajó, sin dejar ni un solo día de prepararnos sus exquisitos guisos. Sigo sin explicarme cómo mantenía siempre aquella serenidad que la caracterizaba y aquellos resultados culinarios invariablemente suculentos, a través de las buenas y malas rachas que la vida depara a todos los mortales, y a pesar de los naturales achaques y aquellos dolores de «coyunturas», que hoy llamamos articulaciones, que tanto la hacían padecer.

Aún recuerdo perfectamente cuándo y por qué instalaron nuestra hornilla de leña, y eso que hace ya más de medio siglo. Yo era un niño que aún no comprendía las diferencias entre pollo y poyo, lo que me creaba gran confusión, pues en casa se empezó a hablar mucho de que la ventana de la cocina, con la humedad de los hervores, se había hinchado, y no podía cerrarse. Continuamente, escuchábamos opiniones acerca de dónde debería instalarse el nuevo poyo, palabra habitual en el contexto antequerano de la época. Me costó aprender que el pollo con «elle» es el que tiene alas. Si había un pollo encima del poyo, no es que pollo fuera maricón, es que el poyo, era otra cosa. Así que ahora cuando se dice: «Voy a montar un pollo», aún me quedo desorientado por unos instantes, sin saber a cuál pollo se refiere.

En fin, el caso es que mis padres decidieron reformar la cocina, y las reformas de mi padre eran verdadera tecnología punta para los tiempos que corrían. Después de numerosas deliberaciones acerca de la ubicación del poyo, decidieron poner una ventana nueva con extractor o más bien ventilador, que daba al gran patio y bajo ella, el poyo de mármol y un hermoso fregadero también de mármol de los de antes, sólido y a prueba de bombas. Era toda una experiencia ver trajinar dentro de la cocina a aquellos alegres, ruidosos y hacendosos albañiles, que alicataron la pieza hasta los dos metros de altura, con gran mimo y cuidado, «para que jamás se cayera una baldosa», como así fue. ¡Con qué primor reforzaron las esquinas de los pilares, con un ángulo de hierro para que no se «descascarillaran»!

—Vete de la cocina, hijo —me decía mi madre—, porque entre los albañiles, yo que tengo que hacer la comida y tú, tan grandote como eres, aquí no cabemos. Yo procuraba ponerme en un lugar donde no estorbase, pero donde pudiera seguir desde cerca el desarrollo de la obra, no quería perder puntada del gran acontecimiento.

En mi casa, tan hospitalaria siempre, los albañiles comían con nosotros, lo mismo que todos los demás, y como mi madre era tan cariñosa y tan buena cocinera, más aún se esmeraban en su labor. Se les trataba como si fueran de la familia. La hornilla de ladrillo visto era una obra de categoría. Junto al fuego, se instaló el horno, con una tubería en zigzag por la que pasaba el agua. Al ser de cobre, el agua se calentaba al pasar por ella, de manera que cuando aún no existían los termos de butano, nosotros teníamos agua caliente en los cuartos de baño. Aunque, eso sí, a veces el momento del baño no era bien recibido, pues no podías elegir la hora. Cuando más entretenido estabas jugando, o divagando, que era mi diversión preferida, oías:

—Anda, niño, báñate ahora que estoy haciendo el cocido y hay agua caliente.

Y había que sufrir al frío e inhóspito cuarto de baño, sin discusión. El agua, más que caliente, estaba hirviendo. O pelando, como decía mi madre. Después supe que esta expresión derivaba de las matanzas, pues se usaba agua hirviendo para pelar o despellejar a los marranos. Arrojándola sobre el cerdo matado, servía para que fácilmente, ayudándose con un rastrillo, se le cayeran las cerdas de pelo y quedara el cerdo, blanco, blanco, blanco. ¡Y sin detergentes ni productos químicos!

Cuando reformé la vieja casa, todos aquellos arreglos de la obra de la cocina fluyeron a mi mente. Era el momento de remodelar, de introducir nuevos electrodomésticos, pero como yo voy a contracorriente, no fui capaz de arrancar de allí nuestra cocina de leña y decidí conservarla, moción que mi mujer apoyó incondicionalmente. Así que mi madre se fue, pero su querida hornilla sigue en su sitio. Junto a ella, convive otra más grande, poderosa y moderna. Ambas de alguna manera me representan a las dos mujeres que han sido sus dueñas a través de los años, y juntas conviven en confortable armonía. Y el sólido fregadero de mármol, del que no me quise deshacer, lo coloqué sobre unos soportes metálicos y hace las funciones de macetero en el patio.

Cuando nos reunimos con mis hermanos y demás familiares en esta gran cocina, hoy unida al comedor, pienso que la construcción de este lugar de encuentro de toda la familia es un pequeño homenaje a la figura de mi madre, que tanto gozó reuniendo en ella a sus seres queridos y que hubiera disfrutado mucho al contemplarla así. Solo echo en falta aquella gran mesa de madera oscura, una mesa con historia, ya que todos habíamos tenido algún que otro chichón al chocar de niños con sus enormes esquinas. Entre el tablero y las patas, había como un entramado de tablas, que era donde escondíamos nuestros pequeños secretos para que los hermanos más pequeños no nos los rompieran.

A veces me pregunto si este afán de salvaguardar las cosas del ayer tiene sentido. ¿Para qué estos sentimentalismos? Parece que a mí, en lugar de la evolución, me gusta la involución, el mirar hacia adentro, hacia nuestro ayer. Y para nada, pues cualquier día, cuando faltemos, todo se vendrá abajo, hasta los recuerdos. Me consuela pensar que, al menos, en este pueblo se conserva el estilo de las fachadas. Algo es algo.

8. La boda de mi hija Eva

Ella es mi hija preferida, entre otras cosas porque es la única. Por ello, no podía casarse en cualquier sitio. Yo mostré un gran interés en que se celebrase en mi pueblo, en Antequera.

Y no podía ser una boda como todas, quería que no se olvidase, por lo que establecí algunos rasgos diferenciales, tales como:

Los novios deberían ir andando desde la calle Merecillas hasta la Iglesia de los Remedios. Para muchos, la idea era una originalidad, para otros, una catetada... Todo depende de cómo se mire, pero hay poca distancia y yo estaba empeñado en lucir a mi hija, así que allá que fuimos con una corte detrás, una corte multicolor, compuesta por caras alegres, emocionadas... y no faltó alguna que otra cara roja, avergonzada de tamaña horterada, supongo.

Como la boda se celebró en el césped del Antequera Golf, su hermano David preparó un montaje audiovisual fantástico de los novios, en el que aparecía cada uno de ellos desde pequeño, y después los dos juntos. Ello animó al técnico que rodaba la película de la boda, que preparó sobre la marcha unas imágenes del evento que pudimos presenciar en pantalla gigante.

Y después, un discurso mío, ¿había precedentes de un discurso en una boda? Yo no lo había visto nunca. ¿No sería una barbaridad? Las opiniones recogidas fueron muy diversas:

—No es meterme en lo que no me importa, pero, ¿a cuento de qué, un discurso en una boda? La boda es de los novios y punto, no tiene sentido un discurso del padrino.

—¿Y qué vas a decir? ¡Hombre, haz lo que quieras, pero te vas a complicar la vida y a lo mejor es un desastre!

—¡En fin! —me decían otros—, si quieres hacer un discurso, pues nos reunimos cualquier día, y nos largas el discurso a nosotros, como siempre...

Visto lo visto, como soy tan indeciso, lo descarté. Descarté el discurso, descarté el «desfile» y decidí que haríamos una boda tradicional. Pero no contaba con mi hija:

—Papá —me dijo—, si tú quieres ir andando, iremos andando, diga la gente lo que diga. Y si quieres un discurso, pues lanza tu discurso, diga la gente lo que diga.

Vale, pero ¿cómo se prepara un discurso para una boda? ¿Qué se dice? Bueno, pues empecé a prepararlo y enseguida me arrepentí. ¿Quién me mandaría a mí meterme en esto? Sabía que, como siempre que hablo ante un gran público, me entrarían fuertes temblores en las piernas. Estaba que no dormía con mi puñetero discurso. ¿Y si me colapso y me quedo sin habla, como me ha pasado en alguna ocasión?

No quería que fuera largo, ni aburrido. Finalmente, hablé de todos los invitados, salvo alguno que se me pasó y espero no se molestase, a cada uno dediqué unas breves palabras. También recité una poesía para Eva e incluso hablé un poco en inglés-antequerano para nuestros amigos Jack y Ruth.

O sea que la boda fue algo diferente, fue como yo deseaba, respaldado por la propia novia. Y me sentí muy bien, muy tranquilo por haberme salido con la mía y por haber roto la monotonía de las bodas de casi siempre, de cenas interminables, de esperas larguísimas mientras los novios se hacen el reportaje, de esa tremenda abulia…

Aquella noche dormí tranquilo. Mi hija Eva, es diferente. Por eso su boda-cena-espectáculo, tenía que ser distinta. Para eso es mi hija.

9. Socorrita Artacho

Es nuestra vecina de siempre, la confidente de mi madre, nuestro paño de lágrimas, el apoyo de todos, el pilar de la calle Merecillas. Pero ella, siempre tan firme, se crispaba cuando yo, de niño, le preguntaba:

—Socorrita, ¿por qué, habiendo tantos, soy yo el más listo y el más guapo?

—No te vayas tú a creer que eres ni el más listo ni el más guapo, que los hay mucho más listos que tú y mucho más guapos que tú —contestaba ella con su habitual desparpajo.

—No creo, Socorrita, es imposible. Lo dices solo para contradecirme, pero tú sabes que no es así.

Esto la enervaba aún más y sacaba su genio.

—Bueno, pues déjame en paz, niño, que te lo tienes muy creído. Y no eres ni el más listo ni el más guapo, que lo sepas.

Socorrita es la amiga de mi hermana Mely, la amiga de todos, la amiga de siempre, la que en todo momento está dispuesta a escucharte.

—Pepe —me dice Trini—, ¿qué sería de nosotros sin Socorrita? Ella nos riega las macetas, nos controla la casa. ¡Y los mil favores que nos hace, sin esperar nada a cambio!

—No lo sé, Trini, nunca he pensado en ello, porque pienso que Socorrita está ahí y siempre estará, seguramente nos iremos antes que ella. Para mí, ella es parte de mi vida, de mis recuerdos.

Siempre se ha prestado para todo. Ella, costurera infatigable, con su enorme familia, con su madre mayor, con tantas ocupaciones, incluso nos acompañó a Sevilla los días previos a nuestra boda actuando de «carabina», pues como sabéis, la novia en aquellos tiempos no podía viajar sola, y Trini necesitaba desplazarse a Sevilla para acomodar nuestra vivienda. Así que allá fuimos Socorrita, Trini y yo, a un piso nuevo alquilado en la calle Fernando IV en el barrio de Los Remedios. Juntas trabajaron hombro con hombro, como hermanas, sin dejar a Trini ni un minuto sola hasta dejar el piso reluciente, con sus muebles nuevos, comprados en Córdoba al Sr. Amable Morán.

A mi madre se le iluminaba la cara cuando, a mediodía, Socorrita hacía una pausa en su trabajo y se acercaba a casa a descansar unos minutos. Se reían, se contaban sus confidencias. Mi madre la adoraba a ella y a toda su familia, a todos sus sobrinos, pero en especial a Juan Luis. No sabría calcular el número de horas que Juan Luis Artacho pasó de niño en mi casa, pero seguro que más que jugando en la calle, más que en su propia casa. Mi madre decía: «¿Qué haría yo sin Juanlu?», le ayudaba en la cocina, a regar las plantas, a hacer los recados, o los «mandaos», como decíamos entonces. Ellos son parte de nosotros, nuestra casa es su casa.

Socorrita Artacho es de las pocas personas que permanecen igual, solo que nuestras conversaciones han variado. Ya no le digo que soy el más guapo, como hacía de joven. Pero creo que consigo seguir poniéndola nerviosa cuando cada fin de semana, al llegar a mi Antequera, cruzamos estas palabras:

—¿Cómo estás, Pepe?

—Bien, Socorrita. Dime, ¿quién se ha muerto esta semana?

10. Los vecinos de Antequera nos queremos

Esto lo descubrí un día, pero fue necesario que me lo dijeran para que viese lo evidente. A veces me cruzo por las calles de Antequera con personas a las que no he visto desde hace décadas, y me emociona ver que todavía se acuerdan de mí, que me saludan con cariño en los ojos... ¡Y mira que he cambiado mucho, muchísimo, totalmente! Solo un buen fisonomista me reconocería después de los muchos años fuera y los muchos kilos dentro.

—¡Qué gordo te has puesto, Pepe! —me dicen con cariño. Y yo interiormente pienso: «Pues si yo dijera en voz alta como te veo a ti, te caerías de espaldas». Una vez me dijeron que esa expresión: «Qué gordo te has puesto», se decía no a los obesos, sino a los guapos lustrosos, y que era un dicho popular de la gente de las huertas, una especie de halago como signo de que está uno espléndido y bien alimentado, pero nunca he llegado a asimilarlo. La sociedad ha cambiado tanto que en la actualidad este saludo es como un insulto.

—Mely —le dije a mi hermana—, observo cómo hay personas que, aun llevando treinta años sin verlas, me dan un abrazo caluroso, hablan conmigo

95

como si fuera ayer cuando tuvimos la última conversación. Y observo que hasta sus hijos, unos perfectos desconocidos para mí, me miran con amistad. Al saludar despreocupadamente, me devuelven sonrisas afectuosas de cariño. No creo que sea por mi belleza. ¿Qué ocurre, Mely? Ella me contestó:

—Lo que pasa es muy simple: a pesar del crecimiento lógico, que hace que ya no nos conozcamos todos, y de las excepciones, porque evidentemente garbanzos negros, siempre los ha habido, pero en general, la gente de Antequera, nos queremos de verdad, y mucho. Y aunque el día a día nos absorbe, sabemos que si un día nos necesitamos, estaremos ahí para echarnos una mano.

Y esto así, tan sencillo, yo no lo sabía, hasta que mi hermana me abrió los ojos y lo entendí. Mely me ha enseñado cosas muy elementales que no pueden aprenderse en ningún manual, como a abrazar. Sí, sí, a abrazar. Hace muchos años, un día me dijo:

—Cuando me abraces, apriétame y tenme un rato a tu lado, como debe ser. No te mantengas a distancia y relájate.

Y la verdad es que fue un descubrimiento, ¿por qué aquellos abrazos rápidos, precipitados, casi con vergüenza? ¿Por qué no saborear un abrazo?

En fin, que la gente de Antequera nos queremos, y esta es otra de las enseñanzas de mi hermana mayor que nunca olvidaré. Y oye, es estupendo no ser uno más y saberte apreciado, respaldado por los paisanos. Saber que están ahí.

11. El camión de riego

Así le llamábamos los niños en Antequera. En mi memoria conservo gratos recuerdos de ese precioso camión, matrícula MA-2576, con sus hermosos focos delanteros, su bonito radiador, todo rojo, y sus enrollamangas en los laterales. En la Feria de Agosto de 2005, tuve la agradable sorpresa de contemplarlo regando los alrededores de la Plaza de Toros. ¡Qué bien que no se haya perdido en la chatarra! Me encanta la idea de que lo estén conservando.

Ahora riega con dos pulverizadores que alcanzan un metro lateralmente. Antes llevaba otros que proyectaban a varios metros, no sé si los han sustituido o simplemente no los accionan. Con aquellos surtidores móviles, el paso del camión de riego era para los niños de entonces todo un festival. No acostumbrados a zambullidas en los actuales parques acuáticos que proliferan en las modernas ciudades, el hecho de saltar sobre su fresca cortina de agua constituía un deleite y una travesura indispensable. Ahora los trabajadores son más profesionales, más serios, pero en aquellos tiempos no faltaba algún conductor gracioso, que de vez en cuando proyectaba el chorro inesperadamente a más distancia de la prevista, y bañaba las aceras empapando a todos los que nos encontrábamos en ellas. Cuando el camión de riego circulaba, una gran algarabía le precedía por las calles y la gente huía precipitadamente para no ser mojada, entre risas y cachondeo.

En verano, al pasar junto a las terrazas, obligaba a levantarse con rapidez a todos los que estaban sentados en ella, que se veían obligados a buscar refugio ya que el agua daba fuertemente en los laterales de los bordillos de la acera y se levantaba hacia arriba, mojando de paso a todos los que estaban cerca... Era un bonito espectáculo, aunque a algunos les sentaba mal y se desviaban malhumorados evitando el jolgorio, actitud incomprensible para mi pensamiento infantil de entonces.

Este camión de incendios es toda una institución en Antequera, y entiendo que debe otorgársele la importancia que tiene y estar expuesto a la vista de todos, en una sala museo, en los bajos de la plaza de toros, por ejemplo, o en algún sitio adecuado.

Estando en Colorado Spring, EE. UU., en verano de 2000, tuve ocasión de aprender cómo sacan partido los americanos de sus recursos. Me hizo pensar qué harían ellos si tuvieran nuestro camión de riego en América.

Un día, nuestros amigos anfitriones nos anunciaron con gran pompa que íbamos a visitar Las Siete Cascadas. Estaban entusiasmados, al llegar allí comprobamos que las colas para entrar eran enormes y la expectación tremenda. Nada más acceder al recinto, pagabas la entrada desde el mismo coche y aparcabas en una enorme pista, en la que había una docena de tiendas de *souvenirs,* donde se vendían multitud de objetos de lo más pintoresco, los típicos recuerdos de la visita. Y por supuesto, restaurantes, *self-services*, hamburgueserías y demás establecimientos turísticos.

Al llegar, descubrimos, como su nombre indica, siete cascadas escalonadas de unos tres o cuatro metros cada una. Era bonito…, pero no para tanto. Ahora sí, el montaje era impresionante: cada tramo de cascada estaba iluminado de un color diferente. A un lado, estaban emplazadas unas escaleras, por las que los visitantes subían y subían sin cesar. Al otro lado, un enorme elevador.

Al pie de la cascada, habían dispuesto varias tiendas más, repletas de objetos y de indios disfrazados que bailaban, aullaban y amenizaban sin parar a los despistados visitantes, haciéndose una fototrampa con ellos, que luego intentaban venderles al salir. Todo un espectáculo para un motivo no tan espectacular.

Otro día, fuimos al puente de San George, y más de lo mismo: pagar al entrar, miles de tiendas, enorme *parking*, sala de proyecciones para informar y visionar previamente el lugar... y finalmente, una rápida visita a un puente que puede tener un siglo como mucho, de esos que aquí tenemos cientos. Pero en España son puentes solitarios, mientras que allí están rodeados de su parafernalia de correspondientes aparcamientos, tiendas, hamburgueserías, avanzados medios mecánicos para que el turista suba y baje, teleférico, y mil negocios más. ¡Qué manera de explotar el puente!

No me imagino en Antequera semejante *show*. «¡Suba Vd. en teleférico, telesilla, telefoto o no sé cómo, pero desde luego no andando, a la Peña de los Enamorados y después, baje al río y deslícese por sus aguas en una canoa! ¡Y ponga películas y camas donde durmió Isabel II, un día que pasó por Antequera, y un restaurante allí mismo, y una proyección audiovisual para que los turistas vean lo que luego van a volver a ver...».

Por eso, al ver el magnífico camión de riego en la feria, me imaginé qué harían los americanos con una máquina así. Veo los carteles: «¡Hágase una foto, compre camiones de riego en miniatura con el nombre de Antequera, y una botellita, o un botijo, llenos de agua de Antequera!»... Incluso podría hacerse una pequeña demostración con el camión de cómo se apaga una pequeña hoguera, todo ello decorado con grandes murales en blanco y negro de niños mojándose...

Pero estamos en Antequera. Aquí somos más serios, señores, quizás sea mejor así.

En todo caso, el camión es un monumento andante a la seguridad, a la limpieza, al agua, al medio ambiente. Aguanta majestuoso el paso del tiempo, con el potente ruido de su motor y la fuerza de su enorme bomba. Para mí, merece un gran respeto. Así como el ver a una persona de noventa años que se conserva estupendamente proporciona un sentimiento de reconocimiento a su trayectoria y experiencia, a nosotros, a los niños de la foto en blanco y negro, a los antequeranos del ayer, nos conmueve ver aún en pie a nuestro camión de riego. Ojalá que los antequeranos del próximo siglo puedan seguir viéndolo.

12. Los espacios grandes

Por suerte, disfruto de la casa de mis padres. Cuando ellos, ya mayores, vivían aquí, al entrar en ella yo tenía la triste impresión de que el edificio envejecía y se deterioraba al mismo tiempo que sus propietarios. Era muy fría en invierno y las estancias, vacías, parecían desangeladas y faltas de la presencia y el alboroto de los hijos que antes la habitábamos.

Mi madre había heredado parte de un solar en una calle cercana, la calle Toronjo, donde se construyó un bloque. A cambio, recibió un amplio piso. Como la casa era demasiado grande para ellos dos y les sobraba mucho espacio, mis padres decidieron irse a vivir a aquel piso, así que amueblaron la cocina, seleccionaron sus mejores y más queridos objetos, compraron nuevo todo lo que faltaba, y organizaron un piso de «novios», dejándolo perfecto, cómodo, confortable, acogedor. Mi madre, con gran ilusión, se empleó a fondo en el mismo, dedicándole mucho tiempo y energía a su puesta a punto. Todos sus amigos y familiares coetáneos apoyaron y aplaudieron la iniciativa.

Y finalmente, todo estuvo listo y se trasladaron, cerraron la casa de calle Merecillas y se mudaron a la nueva vivienda, donde todo era comodidad, orden, recogimiento y temperatura agradable.

No sé cuántos días aguantaron en el piso, creo que quince o veinte como mucho. Un buen día, no pudieron soportar más, y volvieron andando con sus maletas a su casa de siempre, una casa difícil de calentar y limpiar en la que hacía mucho frío en invierno y un espantoso calor en verano, una casa desangelada pero en la que había muchas macetas en el patio, donde había luz, donde las dependencias eran amplias y espaciosas. Su casa.

Cuando pisaron el zaguán, respiraron a fondo. «¡De nuevo en casa!», dijeron a dúo, volvieron a colocar sus ropas y sus queridos objetos en los mismos espacios que antes ocupaban y allí se quedaron para siempre, en la vieja e incómoda vivienda que con tanto esfuerzo habían construido tiempo atrás, y en la que tantos años habían vivido. Más tarde, vendieron el piso, prácticamente sin estrenar y perfectamente amueblado.

A muchos, este arrebato les pareció una locura, un sentimentalismo, pero yo los entiendo perfectamente. Cuando se saborea el vivir en una casa amplia, sus espacios, su patio... no te es fácil acomodarte a los límites de un piso o una pequeña vivienda funcional y moderna. Yo me apunto al gusto de mis padres y disfruto en mi hogar los fines de semana.

Es complejo describir el gran placer de los sentidos. Todos tenemos cinco sentidos «oficiales», aunque dicen que en total percibimos sensaciones a través de unos dos mil sensores. Pues bien, mi vista, oído, olfato, gusto y tacto, mis cinco sentidos tradicionales y seguramente todos los demás, es en este espacio donde mejor actúan y captan, donde mejor desarrollan sus funciones.

Así que me quedo boquiabierto, cuando ahora en 2005, la ministra nos habla de viviendas para jóvenes de treinta metros. Y me recuerda a los años de carrera en que, entre otras cosas, estudiaba ganadería, y aprendía cómo a las gallinas, vacas y demás animales se les diseñaba un habitáculo muy pequeño en que apenas podían moverse: delante del animal, el pesebre; debajo, un dispositivo de fácil limpieza para sus deyecciones, atmósfera con temperatura controlada, y ¡hala!, a estar allí toda la vida estabulados. A mí me producía cierta tristeza esta manipulación de la vida de un animal, pero creo que las cosas van degenerando y la estabulación ganadera se está extrapolando a la vida humana. Algunos apartamentos me recuerdan a las cuadras animales, donde el ejemplar humano vegeta con una televisión delante, varios electrodomésticos alrededor con sus correspondientes mandos a distancia, un pesebre-nevera-congelador-vitrocerámica ultramoderno y unos baños de fácil higiene. Todas las necesidades cubiertas, todos los seres humanos estabulados como animales domésticos. Y creo que no solamente perdemos espacio, sino también libertad, pues el primer paso para la libertad es, en definitiva, la falta de límites físicos y mentales.

13. La nueva feria

Agosto de 2005, Feria de Antequera. Aunque no siento especial inclinación por este tipo de eventos multitudinarios y ruidosos, me acerqué al nuevo recinto. ¡Quién iba a pensar que la feria terminaría ubicada más allá de La Verónica! ¡Cómo cambian los tiempos...!

La verdad es que ir es una delicia, todo cuesta abajo... Lo malo es subir, supongo que, con el tiempo, acabarán instalando una rampa mecánica, como en los aeropuertos.

Cuando me dirigía hacia allí, iba temiendo al polvo infame que he sufrido en otras ocasiones, ese polvo que al caminar traspasa tus pantalones, se te pega en tus calcetines formando, junto con el sudor, una capa que te invade el cuerpo de abajo a arriba, mez-clándose con los cientos de decibelios que rompen tu equilibrio mental y colapsan el sistema nervioso..., pero al llegar allí, quedé gratamente sorprendido al pisar un pavimento asfaltado y un recinto amplio y perfectamente acondicionado.

En aquel nuevo espacio, mis ojos vagaron buscan-do inútilmente las «barquillas», uno de mis mejores recuerdos de mis ferias de niño. Principalmente, porque era de lo más barato y asequible que había entonces y, sobre todo, porque algunas niñas atrevidas, se mecían de pie y existía la posibilidad de que en algunos instantes se levantase alguna que otra falda... por eso, alrededor de esta atracción bullía siempre una tropa de pequeños, ávidos de mirar lo prohibido. No encontré las barquillas, qué lástima. Seguramente la libertad de que disfrutamos hoy día, ha sido la causante de que esta atracción desaparezca. En su lugar, encuentro unos nuevos y complicados artilugios e interminables colas de gente esperando para montar... Debo estar mayor, no subiría a ninguno de ellos aunque me pagasen.

Prefiero simplemente dar un paseo y tomar algo. En ese momento, eché en falta las bolas de algodón comestible, aquél que te daban en un junco. Era un impulso irresistible, su olor estaba íntimamente ligado al ruido de la feria, su aspecto y color me parecían espectaculares, aunque la verdad es que cuando ya lo tenías en la mano, sufrías una mezcla de decepción y contrariedad. Decepción, porque al agarrar el junco recordabas que la última vez, mordiste inútilmente sin encontrar nada sólido. Contrariedad, porque sabías que indefectiblemente, una sustancia pegajosa se te iba a quedar incómodamente pegada en la cara el resto de la jornada, y después ¿cómo te lo quitas?... lo intentabas repetidas veces con saliva y el impecable e inmaculado pañuelo que mi madre me obligaba a llevar, pero el resultado era aún peor, la plaga pegajosa reaccionaba al mezclarse con los fluidos y terminabas con una especie de rígida mascarilla facial que te cubría cara, cejas y hasta las orejas. Así que pensándolo bien, no sé por qué me gustaba el algodón de azúcar, si ha desaparecido, bien desaparecido está. Mejor me quedo con un trozo de coco, que diviso en un puesto lejano.

Al acercarme, observo que el vendedor lo riega con agua procedente de un mugriento recipiente y dudo... ¡Qué ausencia de higiene, y sabe Dios cuántos reciclados ha sufrido el líquido elemento! De pronto pienso que cuando te haces mayor, cuestionas demasiado las cosas. Total, para algo tan insignificante, no merece la pena darle tantas vueltas al «coco», nunca mejor dicho... Compro un trozo y me cobran como si hubiera comprado un palmeral en el Caribe. Pues sí que ha subido. Al introducirlo en mi boca, inmediatamente recuerdo con contrariedad que este producto también se las trae... está más duro que un ripio. En realidad, está rígido e insípido, resultado inequívoco de vagar durante meses de feria en feria. Sus filamentos se me enredan entre los dientes y no sé qué hacer con esa bola áspera que me impide hablar y no puedo tragar.

Mi mujer propone un bocadillo. Quizás sea mejor, pero no encuentro ningún puesto. Ella me indica un cartel que anuncia «HAMBURGUESERÍA Y BAGUE-TERÍA». ¡Efectos de la globalización! Esto parece la Torre de Babel, de verdad que no comprendo por qué permitimos que en un pueblo del interior de Málaga, haya un puesto o *stand* con nombre medio alemán y medio francés castellanizado, vendiendo pseu-doproductos extranjeros. ¿Acaso venden nuestros polvorones en centroeuropa? ¡Yo solamente quiero un bocadillo como Dios manda, de los de siempre, con buen pan de Antequera y poco relleno! Si no lo hay, podríamos hacer una contraoferta, poner una «MOLLETERÍA»... Viendo que tampoco puedo comer, decido marcharme. Definitivamente, estoy mayor.

Al salir, observo las casetas con sus guardias de seguridad, y me pregunto cuándo volveré a la feria. Al ritmo que va el mundo, quizás este terreno que ahora me parece lejos del centro, dentro de poco ya esté urbanizado. Eso es lo que lamento de hacerme mayor, el perderme la evolución de las cosas. Imagino las ferias dentro de veinte o treinta años: sus casetas de seguridad tendrán pantalla de audiovisuales y aire acondicionado... o puede que las ferias se acaben, con tanta oferta alternativa de playa, televisión, viajes, diversiones... Aunque, bien pensado, ocurrirá lo que me dijo un buen amigo: «Desengáñate, José Luis, ten muy claro que todo lo que sirva para no trabajar, tiene el éxito asegurado».

14. El gran desfile

Una de las buenas cosas que tiene la calle Alameda son sus amplias aceras, en las que se instalan multitud de veladores, siempre o casi siempre llenos de clientes, todos mirando hacia el interior. Entre las fachadas de las casas y la primera fila de mesitas, se produce el gran desfile del personal.

Si quieres que la gente se entere de que has venido a Antequera, te das una vuelta, eso sí, despacito, y de vez en cuando te paras para saludar a alguien. El aludido o aludidos se ponen de pie, con la ventaja de que cumples con ellos y acabas rápido, ya que todo está abarrotado y no hay sitio para sentarse, y continúas el paseo mientras un centenar o dos de ojos observadores vigilan tu figura, para controlar si te has puesto más gordo o no, examinan tu vestimenta, miden si sonríes o vas serio, para sacar de inmediato las conclusiones que correspondan según el caso. Además, en la mesa, si hay unos cuantos, uno o una del grupo comenta tu biografía a los demás, aunque la sepan, pues la personaliza añadiendo nuevos aspectos, nuevos matices. Es un ritual.

En la otra acera, en la de la Excursionista, la cosa no es igual, porque hay menos espacio. Se disponen una serie de sillas, sin mesas ni nada, alineadas mirando hacia adentro para el desfile. Esta última modalidad tiene varias ventajas: primero, que es más barato, no hay que tomar nada, y segundo, se aprovecha mucho mejor el espacio.

A cualquier ajeno a nuestro entorno, el Gran Desfile puede parecerle algo absurdo, pero yo lo considero una forma de relación social no establecida que mejora la comunicación, algo digno de fomentar por ser un patrimonio cultural de la ciudad, y para ello, hago mediante este escrito estas sugerencias a quien corresponda:

Crear un comité de fomento del Gran Desfile.

Procurar ampliar las aceras, dejando los dos carriles para la circulación más estrechos y quitando los aparcamientos de la Alameda y creando en los perímetros de la ciudad dos o tres grandes pistas de *parking* vigilados para que el personal pueda acceder al Gran Desfile sin dificultad.

Poner un puesto de alquiler de anteojos, para los que estén, diremos, más alejados del desfile.

Poner sillas más estrechas e incómodas, para que los que se sienten estén poco tiempo, y haya rotación de personal.

En la acera de la Excursionista, y habida cuenta de que las sillas están unas detrás de otras y la visión no es buena, procurar poner una tribuna algo más elevada para los que estén en cuarta línea.

Señalizar las rutas del desfile, y procurar alargar este hasta llegar al interior de la plaza de toros, con lo cual las gradas del mismo se pueden utilizar en los días de más afluencia.

Establecer un jurado evaluador, con premio de la Consejería de Industria, Comercio y Turismo, sobre «el paseador más original», consistente en un viaje a Canarias para dos personas, siete días, solo con alojamiento y desayuno.

Instalar cámaras de grabación, para proyectar por televisión local. De esta forma se cumple una función social para que los discapacitados, personas mayores, etc., puedan gozar de El Gran Desfile.

Indagar acerca de la obtención de Certificados de Calidad y Medio Ambiente, normas ISO 14 001 y 9002, para que dicho Gran Desfile tenga garantías de calidad, a la vez que sea respetuoso con el medio ambiente, como mandan los cánones.

15. La estatua del capitán

Siempre me ha llamado la atención la figura de este héroe de la Independencia, que data de la época en que estábamos colonizados por los franceses, hará más o menos dos siglos.

En aquellos años, españoles y franceses aliados sufrimos la derrota de la batalla de Trafalgar, que puso fin realmente a la importancia marítima de España. Fue una época en la que surgieron fuertes movimientos liberales, reprimidos posteriormente por Fernando VII, apareciendo consecuentemente importantes y emblemáticos personajes como, en Granada, pudo ser Mariana Pineda, y en Antequera, el capitán Moreno.

En un lugar privilegiado de nuestro pueblo, se levantó un monumento en su memoria, que además debe estar realizado en un material de gran calidad, ya que no envejece y siempre tiene buen aspecto. Los antequeranos tenemos bastante cariño a esta escultura, no exento de inofensivas bromas. Nuestro buen capitán aparece esculpido con su mano derecha abierta, mostrando un gran dedo índice que apunta hacia delante. Si paseas por el lado izquierdo del parque y te sitúas en el sitio justo, la mano queda oculta detrás del cuerpo, viéndose solamente el gran dedo índice, emergiendo con fuerza a la altura por donde los hombres hacemos pis.

Afortunadamente, cuando se instaló este monumento, ya había sido abolida la Santa Inquisición. De no ser así, supongo que dicho dedo hubiese sido cortado o plegado, o bien esa mano se hubiera reconstruido para que estuviese un poco más arriba o abajo y no fomentase el pecado.

Cuando niños, en las largas tardes de paseo, era una visita obligada que producía carcajadas y cierta guasa. Guasa que, dicho sea de paso, llamábamos cachondeo, palabra que formaba parte de nuestro patrimonio lingüístico y no se consideraba fea. Cuchicheábamos sobre la idea de poner un chorro de agua en el extremo del dedo, realmente una idea maligna que atenta contra el pudor y la corrección monumental, y contra la memoria de nuestros héroes.

Como buscar la posición óptima es complicado, no estaría de más señalizarla en el suelo convenientemente, situando dos huellas de zapato en una base de mármol, en el sitio donde al referenciado capitán se le puede observar su incuestionable virilidad óptica. De esta forma, evitaremos que se pierda a través de las sucesivas generaciones la anécdota erótica de la monumentalidad antequerana.

16. La azucarera antequerana

Así rezaba un cartel en la puerta principal, si la memoria no me falla: «El ingenio de San José. Año 1918». Desde el exterior, se podían ver los silos de remolacha a la intemperie, la báscula con su toma de muestras, los talleres, el almacén de azúcar.

Más allá, se erguían los tanques de melaza. Cerca, el ferrocarril, la nave de Piensos Biona y el Centro de Abonos Líquidos de Esso, al que se accedía por detrás después de atravesar el paso a nivel con sus guardabarreras.

Y ese olor característico de la fábrica en época de funcionamiento, el calor de sus calderas, su chimenea.

En el interior, para comunicar la fábrica con la oficina de la azucarera de la calle Encarnación, existía una centralita con un teléfono, una especie de línea directa, que se accionaba mediante una manivela. Quedan pocos vestigios de lo que fue el ingenio en su época, como algunas de sus naves originales (entre ellas las de mi hermano, los Almacenes Sánchez-Garrido), y la gran chimenea.

Cada mañana aquel paraje se convertía en un lugar en ebullición, donde cientos de antequeranos esperaban ansiosamente la campaña de la remolacha, a la que acudían en bicicleta, andando o en autobús. Se buscaba su supervivencia de todas las formas posibles, pues muchas familias de la zona dependían de ella, pero la remolacha de riego estaba llegando a su ocaso, y el futuro de la fábrica peligraba. El técnico Sr. Teleforo Carpintero, amigo y buen profesional, fue el encargado de iniciar una serie de pruebas en Andalucía con la remolacha plantada en secano. Se buscaron terrenos, climas y suelos apropiados en nuestra región, sembrándose entre otros lugares en El Rubio y en Herrera. Fruto de este proyecto, surgió la remolacha de secano en nuestra comunidad. El jefe de cultivos de la azucarera era mi pariente Rafael Sánchez Carmona, del que tanto aprendí. Don Ramón Sorzano Santaolalla era el director en aquellos días.

Con poco más de veinte años, me quedaba fascinado en la azucarera, por su ambiente creativo y entregado de trabajo, cooperación y moderna industria. Reflexionando sobre ello al pasar los años, tomo conciencia del papel fundamental que la familia García-Berdoy ha desarrollado en el siglo XX en nuestra ciudad, como faro de la innovación y progreso.

Durante el verano de 2006, en Alemania, tuve la ocasión de charlar con la Sra. Blanca Cerezo, viuda de José García-Berdoy Regel. No sé la edad que tiene, pero me sorprende la agilidad con la que anda, paralela a su tremenda inteligencia y lucidez mental, además de belleza.

—José Luis —me dice—, cuando ibas a mi casa eras muy guapo y muy delgado, con un gran tipo.

—Sí, señora, han pasado ya muchos años, y la verdad, es que a mí los años me han proporcionado muchas cosas, pero no precisamente belleza. (Porque realmente, me doy cuenta, aunque algo tarde, de que cuarenta años sentado tantas horas al día, me han roto. Soy, en definitiva, un enfermo profesional, igual que los que enferman de pulmón como resultado del trabajo en una mina, yo estoy anquilosado de estar sentado en una oficina).

—Doña Blanca, ¿sigue el despacho de la oficina de la Cuesta, igual que siempre?

—Sí —me dice ella—. Lo mantengo igual.

Sin duda, pienso yo, porque sabe lo mucho que se pensó, trabajó y caviló allí, en aquel despacho de paredes cubiertas de fotos de principios de siglo XX, que el padre del Sr. García-Berdoy Regel conocía a la perfección y gustaba de explicar detalladamente. Aquella fue la sede de Abonos Berdoy, empresa posteriormente dirigida por el Sr. Juan López García-Berdoy, y que se anunciaba con una viñeta pintada de azul, en la que aparecían don Quijote y Sancho Panza, intercambiando este comentario que muchos paisanos recordarán:

—¿No ve vuesa merced qué trigales tan hermosos?

—Sí —contestaba don Quijote—, están abonados con Abonos Berdoy.

La familia García-Berdoy tenía fábrica de azúcar, piensos, fábrica de mantas, agricultura, ganadería, parte de la Sierra del Torcal y de la Laguna de Fuente de Piedra, incluso creo que durante un tiempo la Plaza de Toros... una enorme actividad, y una gran comprensión con los trabajadores. Cada día, el Sr. García Berdoy Regel, ingeniero industrial, se desplazaba a la azucarera para supervisar con detalle el funcionamiento de la fábrica, motivando uno a uno a los trabajadores, comentando las incidencias agradablemente y creando un distendido ambiente de trabajo.

Verdaderamente, creo que merecería la pena conservar y habilitar este antiguo despacho, sus fotos y el recuerdo de lo que esta familia, a través de generaciones, ha hecho por nuestro pueblo. Quizás los rápidos cambios sociales y políticos de final de siglo, han hecho olvidar la labor, capital en la época, de esta estupenda y altruista familia, que merece el reconocimiento de su pueblo.

17. La Peña de los Enamorados

La imagen de la Peña y la de Antequera van unidas en mi corazón. Antequera no sería la misma sin la Peña de los Enamorados.

La silueta de este promontorio está ligada en nuestras mentes antequeranas con la vuelta a casa. Cuando por fin te aproximas, cansado de carretera, a las cercanías de nuestro pueblo, tus ojos buscan espontáneamente a la derecha, entre los accidentes del terreno, la forma de la Peña, con sus inconfundibles rasgos de la cara de una persona, siempre mirando el cielo, al sol y a las estrellas, descansando en la Vega antequerana. Algunos creen adivinar en sus contornos el perfil de un indio, con su pluma y su nariz aguileña. Para mí es algo más grande que un simple perfil, pues esas facciones serenas que emergen de la tierra me asemejan al rostro de un gran gigante, dueño y señor del territorio antequerano, que extiende sus enormes miembros por la vega antequerana, acogiendo en el interior de sus entrañas un intrincado atlas compuesto por campos, sembrados, arroyos, personas y vidas.

Ahora, gracias al desvío de la autovía, ni siquiera el ruido de los camiones subiendo la cuesta adyacente molesta al coloso en su ininterrumpido reposo.

Su nombre se lo debe a una leyenda, y como tal, nunca sabremos lo que en ella hay de verdad y de imaginación popular. Aunque la he divisado en la lejanía en tantos momentos de mi vida, solamente una vez subí a ella, con los hermanos Nateras, por su parte menos abrupta. No pude evitar una amarga e infantil sensación de desencanto al comprobar cómo el querido rostro de mi gigante se subdividía en varios peñascos informes, que me hacían imposible discernir si me encontraba en la nariz, en la nuez o en la frente de ese dios. Los recuerdos que me quedan de esta lejana excursión son el esfuerzo que me vi obligado a hacer y las excepcionales vistas que disfruté desde su altura. Debajo, había una línea de ferrocarril y el río.

Es su imagen tan importante para mí, que la elegí, presidiendo entre dos torres del Castillo de Papabellotas, como fotografía de portada del libro *Antequera, recuerdos del ayer*, que publiqué con el Sr. Federico Moldenhauer no hace mucho.

A veces, desearía subir de nuevo a su pico más alto, disfrutar de este emblemático lugar, pero para que pudiéramos hacer esto, sería necesario instalar accesos y miradores que quizás rompieran el paisaje. Quizás sea mejor que siempre permanezca así, soñadora y lejana, ajena a nuestras ruidosas vidas, separándonos y al mismo tiempo uniéndonos a Archidona, la bella población cercana.

Esta Peña da nombre a numerosos productos locales. También para mí sería imposible olvidar la «otra Peña», la tienda primero de coloniales y después de ropa de la calle Merecillas, de los hermanos José y Paqui Vegas Vegas, cuyo nombre oí decir que le venía por haber trabajado el padre allí en Finca la Peña.

Peña. Risco. Escollo. Pedrusco. ¿Cómo una palabra de significado tan duro, tan seco, puede hacer nacer en mí, invariablemente, sentimientos tan tiernos? Como me produce la Peña de los Enamorados.

18. La moto que me regaló D. José Artacho

Siempre me acordaré de esa moto, quizás porque constituyó el primer gran regalo que ha habido en mi vida. Después no ha habido tantos, y desde luego, ninguno tan altruista, tan desinteresado, ni tan oportuno.

Don José Artacho era muy amigo de mi padre, recuerdo muy bien mis visitas a su farmacia en la calle Carreteros. Junto a ella había una papelería, a la que antes he hecho alusión, ya que al cerrarla, mi padre tuvo la ocurrencia de adquirir todas sus existencias, lo que supuso una fiesta para los seis hermanos por los montones de libretas, bolígrafos, cuentos, libros, grapas, cajas y más cajas que inundaron nuestro hogar. No me podía explicar que cupieran tantas cosas en una papelería, de las cuales aún quedan vestigios en mi casa.

Un día, yo estaba en la farmacia hablando con su propietario, y al despedirme le comenté casualmente:

—Bueno, me voy, que se me escapa el autobús.

—Si tuvieras una moto, tendrías muchas ventajas —dijo don José Artacho—. Yo tengo una que no uso. Te la regalo.

No podía creerlo. Así, sin más. Tenía fama de bromista, así que pensé que era una de sus bromas, pero el hombre lo decía en serio. Me la enseñó, y era una Ossa, muy lenta, con un ruido infernal, pero dura y resistente. Sobre ella, yo recorría feliz las calles, sintiéndome privilegiado y eternamente agradecido.

Aunque de adulto coincidí poco con Pepe Artacho, siempre he sabido de él, pues mi padre le apreciaba muchísimo y salían juntos con frecuencia. Eran amigos de juergas, de bromas, pero también de confidencias, prestándose mutuo apoyo y comprensión ante los múltiples avatares de la vida. A veces, cuando coincido con algunos de los antiguos compañeros que aún, afortunadamente, quedan de aquella panda, o con sus hijos, rememoramos las pesadas bromas que se gastaban entre ellos, y que eran como su aliciente para la vida. También recuerdo anécdotas reales como cuando fueron a Madrid en un «dos caballos» y tardaron tres días en llegar a su destino. Al arribar a la Gran Vía, pararon y el coche se les fue para atrás, colisionando con un espléndido Mercedes. De él surgió un señor muy estirado que dijo textualmente:

—Ya te lo dije, chica. En cuanto vi a este par de catetos, con ese tractor, te comenté: «Estos catetos nos van a hostiar».

Los desperfectos fueron mínimos, pero los catetos aludidos apenas pudieron articular palabra del ataque de risa que les ocasionó el comentario, y pasaron años riendo al recordar la alusión.

Algunas bromas eran realmente pesadas, incomprensibles para alguien ajeno al contexto, hilarantes para ellos. En una ocasión, en Semana Santa, vino de Madrid Pepe Pineda, cuñado de José Artacho, que con los años se convertiría en suegro de mi hermana menor. En el antiguo bar Alameda, dicen los amigos que se encontró con mi padre, que al verle exclamó:

—¡Caramba, Pepe! ¡Cómo se nota que vienes de la capital! Estás muy elegante. Me gusta tu corbata.

—Te la daría de buena gana, pero no puedo. Me la han regalado mis hijos por el Día del Padre.

—Pues si no me la das, véndemela.

—No, Antonio, no puedo desprenderme de ella.

Mi padre entró en la cocina del bar, y al poco salió diciéndole al que después sería su consuegro:

—No te preocupes, que en el pueblo tenemos soluciones para todo.

Y antes de que el pobre tuviese tiempo de reaccionar, sacó unas enormes tijeras con las que cortó en dos la bonita y moderna corbata, añadiendo:

—¿Lo ves? Así no tienes que desprenderte de ella. Los amigos de verdad, Pepe, tenemos que compartirlo todo.

El buen hombre no salía de su estupor. Los demás esperaban su reacción, sin temor, divertidos. Sabían que ocurriría lo que ocurrió: Terminaron abrazados, muertos de risa, y jurando fidelidad como si hubieran hecho un contrato de sangre. ¿Sería posible en nuestra sociedad actual semejante reacción? ¿Por qué? El famoso estrés nos tiene siempre como al borde del ataque de ira, una situación así nos llevaría sin remisión a las malas caras, cuando no al juzgado de guardia.

Claro, que no a todos caían bien estas gracias. Mi madre incluso derramó alguna lágrima a causa de estas descabelladas travesuras adultas, sobre todo si el afectado era mi padre, claro. Como en aquella ocasión en que llegó a casa con el carísimo y novísimo abrigo de lana nuevo convertido en «tres cuartas». Los intrépidos sastres se lo habían recortado, con la excusa de que le quedaba demasiado largo para su estatura. Pero también recuerdo cómo, una vez pasados los primeros momentos de sorpresa e indignación, ella rompía a reír con una risa estrepitosa, imparable, contagiándonos a todos.

Era como un maravilloso niño grande al que todos adorábamos y malcriábamos, cuyas trastadas y correrías, bien conocidas en el pueblo, perdonábamos sin rencor. Y sus amigos del alma, eran nuestros amigos. Son nuestros amigos. Pepe Artacho, un amigo para siempre… ¡Y no porque me regalara mi primera moto!

19. La zapatillera Cumbre

Hoy, un día caluroso de verano de 2006, me sitúo ante la fachada de esa zapatería ante la que tantas horas pasé esperando la ocasión de ver a mi novia, empleada en ella. Su fachada, construida por el arquitecto antequerano afincado en Marbella, Sr. Bermúdez, es ahora diferente, una verdadera obra de arte, no sé si para todos los gustos, pero realmente es especial, a mí me encanta.

Mirando el edificio, retrocedo al año 1960, cuando yo rondaba por estos mismos lugares, esperando la hora del cierre para pasear con Trini. Yo le hacía una tímida señal desde la puerta, a la que ella, muy profesional, respondía con un guiño o una sonrisa sin dejar de despachar zapatos. Si ella no me veía, sus compañeras rápidamente le avisaban, había cierta complicidad.

Mi paciencia era infinita, pues entonces no había horarios comerciales fijos. Para poder salir, tenían que marcharse antes todos los clientes y dejar la tienda recogida. A veces salía y me decía:

—Creo que me falta todavía una media hora.

Como no me gustaba estar a pie firme, daba una vuelta a la manzana para disimular. La gente me miraba. Éramos muy jóvenes, quizás quince o dieciséis años.

—He visto a tu hijo, esperando a Trini en la puerta de la zapatillera —le decían a mi padre. ¡Las noticias volaban en Antequera!

A veces a Trini le encargaban el arreglo del escaparate, y yo me quedaba embelesado viéndola disponer con arte los zapatos. Todo un espectáculo para mí. No sé si intimidatorio para ella. Pero pensándolo retrospectivamente, también debía suponer un espectáculo para los viandantes, aquel jovenzuelo embobado que parecía estar echando raíces ante la zapatería.

Después pasó a trabajar a Cumbre, la tienda colindante, perteneciente también al Sr. Amable Morán y a la Sra. Charo, que en aquellos tiempos era verdaderamente la «cumbre» de la moda en zapatos en nuestro pueblo. Este señor, siempre hizo buen uso de su nombre, destacando por su amabilidad y cortesía, al igual que su esposa, a los que guardamos un gran cariño.

Al salir, dábamos una vuelta, andando y andando, no había otra alternativa, yo por la calle y ella por encima del bordillo de la acera. No era un capricho. La explicación es que ella no es muy alta, y yo quizá sí, y así le veía mejor la cara.

Fueron innumerables paseos, muchas horas compartidas, imposibles de olvidar. Trini mantiene contacto con los antiguos compañeros y compañeras de trabajo de la zapatillera, entre los que están mi prima Puri y los amigos Molina. Incluso los Sres. Morán vinieron a la boda de mi hija, no podían faltar unas personas tan importantes en nuestra vida, si bien un acontecimiento así no te da ocasión de hablar distendidamente con los asistentes. De todas formas, es un gozo notar que el cariño de estas personas no ha cambiado a pesar de los volantazos que da la vida.

20. La vaca doméstica

Mi hijo José siempre se ha desenvuelto muy bien laboralmente. Tiene don de gentes y simpatía. Ya desde joven, hablaba inglés con soltura, por lo que recién inaugurada Isla Mágica, en Sevilla, obtuvo allí un buen puesto de trabajo. Animados por él, un día mi mujer y yo decidimos ir a conocer las instalaciones. Después de recorrer el recinto, en la parte más alejada encontramos la típica atracción en la que se instalan patos flotantes. Me acerqué y compré aros para lanzarlos y probar mi puntería. Me dieron una enorme cantidad de ellos, supongo que a modo de promoción por la inauguración.

Nunca fui muy hábil, pero aprovechando que tenía muchos aros y que nadie me miraba, comencé a tirarlos de siete en siete, a lo bruto. En uno de los intentos, para mi gran sorpresa, quedaron varios aros colgando del cuello de un pato. El premio correspondiente era una vaca de juguete, pero, como todo lo que me pasa a mí, no podía ser una vaca normal, o una ternera de peluche: era una enorme vaca cuya panza medía más de un metro de diámetro, por otro metro más de largo. Me temblaron las piernas al ver la envergadura del premio, pensé que era una broma de mal gusto, pero no. Era el castigo por haber sido un tramposo. Y menos mal que no me tocó el orangután. Era un monstruo que equivalía a tres vacas, un premio que nadie aún había logrado y que yo no quise ni intentar.

Llamé a mi hijo, que vino a nuestro encuentro. Yo iba andando, intentando abrazar al novillo, pero mis brazos no lo abarcaban, así que me lo eché a la espalda. Su interior, relleno probablemente de trapos o goma espuma, y su exterior sintético despedían un gran calor. Cuando mi hijo nos vio, me dijo:

—Papá, os dejo, me da vergüenza el espectáculo que estáis dando.

Comprendo a mi hijo, pensaría que peligraba su puesto de trabajo... pero entre mi hijo y mi vaca, la decisión era clara: me quedé con mi recién adquirida becerra. Como no podía más, se me ocurrió una idea. Vi pasar a una señora con un carrito y un niño pequeño dentro de él, y le hice la siguiente propuesta:

—Señora, permítame que le pida un favor. Tengo un grave problema para transportar esta tremenda vaca escurridiza. ¿Por qué no me deja poner la vaca en el carrito del bebé? Yo llevo el carro y mi mujer lleva a su hijo en brazos.

Asombrosamente, la mujer accedió de buen grado, y así llegamos, sedientos y desfallecidos, a la cervecería Cruzcampo. Al verme, el guarda de la puerta se acercó y me dijo:

—Perdone, pero la vaca no puede entrar.

—¿Por qué? No es un animal de verdad.

—Ya, pero si todos vienen con vaca, no cabrían los clientes.

—Oiga, que es la única vaca que hay…

—Pues no puede ser. Si quiere pasar usted, lleve a consigna a la vaca y déjela allí.

Allá fuimos, pues mi vaca no podía quedarse sola en la puerta del bar; alguien podría llevársela, si era capaz…

Pero en consigna no me la admitieron por falta de espacio, a pesar de que yo protesté diciendo que no veía ningún cartel en el que se advirtiera dicha cláusula.

Hambrientos, más sedientos aún, desanimados y sudorosos, y siempre cargando con el animal, dimos por terminada la excursión a Isla Mágica, y nos dirigimos a la parada del autobús que llevaba al parking. Cuando llegó, levanté la vaca decididamente a la altura de mis ojos, apunté a la puerta de entrada y empecé a empujar con todas mis fuerzas. Conseguí que la vaca se quedara atrancada, no había manera ni de sacarla, ni de introducirla.

Estaba empezando a perder la paciencia, el mal humor me ganaba por momentos. Entonces escuché las carcajadas. Primero fue Trini, que reía a mandíbula batiente. Más tarde, los pasajeros, que tiraban de las patas delanteras, e incluso algunos de ellos se bajaron para empujar desde fuera. Terminamos riendo todos, hasta el conductor. El espectáculo se repitió a la hora de llegar al parking, al meterla en nuestro coche, al sacarla, en el ascensor... Al final, aquí está la vaca, en Antequera. Y cuando vienen las nietas, lo primero que buscan es la vaca, que ya tiene una oreja destrozada.

He aquí la historia de una vaca cualquiera.

21. La despedida de la madre de Trini

Cuando eres un jovenzuelo ilusionado con tu novia, su familia te impone un profundo respeto, máxime si eres tímido y poco hablador, como era mi caso a la sazón, antes de llegar a madurar y conformar el adulto osado que ahora soy. Pero la madre de Trini despertaba en mí una especial simpatía, más que ningún miembro de su familia. Había entre los dos cierta conexión mental. Me gustaban su fuerte carácter y buen corazón, cualidades heredadas por su hija.

Cuando empecé mi relación con Trini, siendo ambos dos adolescentes, casi unos niños, su madre y yo manteníamos la natural distancia, nos mirábamos casi como rivales compitiendo por el cariño de su hija, ahora que soy padre comprendo su desconfianza, pues nadie parece nunca suficientemente bueno como para llevarse a una hija. Pero poco a poco, tratándome con respeto y cariño, no sabría explicar exactamente cómo, aquella mujer lista, trabajadora incansable en los duros años duros de necesidades que le tocó vivir, comprensiva y dulce, consiguió que el muchacho imberbe que yo era entonces, se sintiera cómodo y desinhibido ante ella, y el amor que tanto uno como otra profesábamos a Trini terminó uniéndonos fuertemente.

Al poco de nacer mi cuñada Mari Carmen, una preciosa niña que parecía un ángel de cabellos dorados y ojos azules como el cielo, la madre de Trini empezó a encontrarse bastante mal, con fuertes dolores en el vientre. Hasta cierto punto las molestias nos parecían normales, pues había dado luz a una tardía edad, cuarenta y un años. Una tarde, Trini me llamó angustiada diciéndome que había que ingresar a su madre en el hospital. Dejaron a la recién nacida con su abuela y la llevamos en mi coche al antiguo hospital de la calle Estepa, retorciéndose de dolores. Allí nos esperaba don Isidro Montoro, que la había asistido en el parto, y que rápidamente se dio cuenta de la alarmante situación, por lo que me ordenó buscar a mi futuro suegro para que diera su autorización para intervenirla.

Siempre me acordaré de la última visita que le hice. Como estaba haciendo las milicias en Cerro Muriano, tenía que marcharme obligatoriamente esa tarde, por lo que subí a la habitación de la primera planta en la que ella se encontraba para despedirme. Al acercarme a ella, me agarró la mano con muchísima fuerza, como sabiendo que era nuestro último encuentro, y me dijo mirándome profundamente con sus cansados ojos:

—Pepe, Trini es muy buena, tiene un magnífico corazón. Pero mucho genio, no la dejes y cuídala.

Tuve la certeza de que algo muy grave iba a ocurrir, la situación me desbordaba y bajé las amplias escaleras del hospital llorando como un niño.

A los dos días, Trini me telefoneó para darme la noticia de su fallecimiento, era el día 9 de junio. Expuse la situación a mi Superior, pero me fue denegado el permiso para asistir al entierro. Me sentí desfallecer: no podía olvidar aquella mirada, aquel apretón de manos, aquella petición. Joven e impulsivo, inventé un plan alternativo: expliqué a un buen compañero que pensaba irme de todas formas, que no podía dejar a mi novia sola en un momento así, y le pedí que respondiera por mí al pasar lista. Así lo hizo, pero justo ese día se hizo recuento y descubrieron nuestra farsa.

La misma noche que me incorporé al campamento, me encontré con un expediente por falta grave y me arrestaron en la tienda de campaña. Tenía un compañero de guardia permanente en la puerta de la tienda, me escoltaban hasta para ir al servicio, y vivía angustiado ante la idea de ser trasladado a un campamento militar en Mahón. Afortunadamente, mi padre movió cielo y tierra, y a través de un amigo de él que a su vez tenía un conocido militar que pudo mediar, la cosa no llegó a más, solo que salí con el último número de la compañía y, por tanto, de sargento, y no de alférez como era de esperar.

De todas formas, a pesar de las horas de angustia que pasé arrestado, a mí todo aquello me parecía un problema pasajero comparado con lo que habíamos perdido todos.

Cosas de la juventud. Pero no me arrepiento, a pesar de todo. Y ahora que ya no soy joven, lo haría igual, sin dudarlo. Porque sí. Porque ella lo merecía.

22. La marcha de Gabriel Requena

Mi cuñado Gabriel Requena Escudero siempre ha sido para mí un referente, una persona a imitar. Le observaba desenvolverse en su ambiente profesional, lúcido. Con la familia, abierto, generoso, firme. Siempre rodeado de amigos. Su casa, con las puertas eternamente abiertas para todos, grandes y pequeños. Altruista, amigo del flamenco, aficionado a los viajes, a la risa, ágil de pensamiento.

Todos los que le conocimos podemos afirmar que, con su profesionalidad y honradez, contribuyó a poner su grano de arena en la mejora del mundo, ayudando a los que no tenían medios y aconsejando desinteresadamente. Perteneció al P. P., aunque nosotros le decíamos irónicamente que era el abogado del P. P. P.: prostitutas, parientes y pobres, a los que no cobraba. Muy intelectual y equilibrado, conjugaba ambas virtudes con una gran simpatía. Él se declaraba socio de la Peña PABADI, cuyas siglas me explicó que querían decir: paga, baila y diviértete.

Fueron muchas las salidas que las dos parejas realizamos juntos. Desde cortas excursiones a las Alpujarras, Cazorla, etc., hasta largos viajes a otros países europeos, ninguna de ellas exenta de anécdotas.

En una ocasión, decidimos hacer un crucero por el Mediterráneo. Al embarcar en Málaga en el Dana Corona, había una larga fila de pasajeros en el muelle, junto al barco. Me di prisa para no llegar de los últimos, y perdí de vista a los demás. Cuando me iba a tocar mi turno, oí que me llamaban:

—Pepe —me gritó Gabriel a lo lejos, a unos quince o veinte metros de distancia—, ¿te han puesto ya la contraseña en la maleta?

—¿Qué contraseña? —contesté.

—¡Esta! —Y señaló indicando una firma en tiza, escrita en su maleta.

—No… —respondí preocupado.

—Pues ve, corre, que puede que aún estés a tiempo.

—¿Pero, dónde es?

—¡Allí! —me animó, señalando hacia unas lejanas oficinas.

Y allí me tienes, lento como soy, acarreando las maletas todo nervioso, sudoroso, novato de tierra adentro, sufriendo ante la idea de que el barco zarpara sin mí. Como varios de los que estaban en la cola habían escuchado la conversación, se agolparon detrás de mí. La cola se quedó vacía y el grupo que peregrinaba hacia las oficinas se iba haciendo más y más nutrido. Yo corría todo lo que mi pesada anatomía y mi escasa coordinación me permitían, y cuando llegué a las oficinas y solicité la firma de tiza, me miraron incrédulos. Ni había contraseña, ni firma, ni tiza, ni nada. Me dirigí de nuevo hacia la cola, seguido ya de unas cien personas, que más ágiles que yo, me iban adelantando y se colaban, lanzándome miradas furibundas al pasar. Me quedé el último. Mientras, él y sus amigos, que mediante dicha maniobra habían conseguido instalarse los primeros, se desternillaban de risa, ocupando uno de los mejores camarotes y acomodándose cómodamente dentro del barco.

Hasta en aquellos gratos momentos de los viajes, le acompañaba invariablemente su tos, su sospechosa e incómoda tosecilla. Fumaba demasiado, dos o tres paquetes de Chester al día.

Cuando se encontró peor, se enfrentó directamente a su enfermedad, con la firmeza que le caracterizaba, queriendo saber todos los detalles de la fatal verdad. Pero Gabriel tuvo entereza, no se amargó ni amargó a los que le rodeábamos, siguió contando chistes y manteniendo intacto su humor agudo y chispeante. En su convalecencia reinó el orden y la disciplina, negándose a estar acostado. Se recluyó en su chalé frente a Los Llanos, y aunque se encontraba mal y su salud empeoraba día a día, se exigió a sí mismo una rutina levantándose temprano, regando, recibiendo como siempre a sus numerosos amigos...

y leyendo mucho. Tuvo el buen gusto de dejar todos sus documentos y papeles arreglados, todo lo dejó claro y resuelto.

Un día, de paso para Sevilla, paré a visitarle. Me extrañó verlo acostado. Fue la última vez que le vi, al día siguiente murió, como dijo su mujer, como los toros bravos, de pie hasta desplomarse en los últimos momentos, con casta, con raza.

Todos perdimos mucho el día que él se fue. Yo perdí a un cuñado, a un amigo cariñoso y carismático, con fuerza mental y con ganas de vivir, perdí a mi chispeante compañero de viajes. Pero en el viaje de la vida, él siempre me acompaña. Le añoro, nunca podremos olvidarle.

23. El adiós de mi madre

Es, sin lugar a dudas, la persona que más me ha querido probablemente, la persona a la que, seguro, más he querido yo. Excluyo a Trini y a los hijos porque son amores no comparables.

Mi madre, para mí, ha sido el vivo retrato de la abnegación, el puro reflejo del esfuerzo y el trabajo continuado, sin protestas. El claro ejemplo de cuidado y entrega total y absoluta a sus hijos.

Yo estoy convencido —los demás hijos probablemente pensarán igual— de que conmigo tenía un trato más cercano que con el resto, un trato diferente. Estoy seguro de que sí, aunque ella nunca me lo dijera así de claro. Luchábamos por conquistar un cariño que sabíamos que teníamos, pero cuando alguno insistía y le formulaba la consabida pregunta:

—¿A quién quieres más de todos los hijos?

Ella, invariablemente, contestaba, mirándose la mano:

—¿Qué dedo te cortarías que no te doliera? ¡Todos sois iguales para mí!

Hoy día los entendidos diferencian entre coeficiente mental e inteligencia emocional. No sé qué niveles tendría mi madre en esos conceptos. Simplemente poseía un sexto sentido fuera de lo normal. Sin palabras, solo con vernos, se daba cuenta de todo, percibía todo..., y, lo más difícil: callaba. Respetaba el carácter, la personalidad y los altibajos de cada uno, haciéndonos sacar de nuestro interior lo mejor de nosotros mismos.

¿Cómo podía abarcar tantos aspectos de la vida de sus seis hijos, de su marido, de todos los familiares y seres cercanos? Por supuesto, se desvelaba para que siempre comiéramos y vistiéramos de lo mejor. Cuando ibas a salir de casa, ante el espejo del «perchero» de la entrada, te obligaba a pasar una revisión más exhaustiva que la de un cuartel: la limpieza, el peinado, las uñas, los dientes, los botones abrochados, la corbata bien puesta... Todo se examinaba. Y desde que ella no está, llevo la corbata siempre torcida, no sé si es un último acto rebelde, como protesta a la vida que me la ha quitado.

Y esa manera tranquila de dejarnos hablar hasta terminar de contar la más mínima de nuestras inquietudes, de nuestros enfados, para luego reconducirnos y hacernos razonar pacientemente. Porque su más anhelado y continuado deseo es que fuésemos razonables, permeables, honrados, generosos. Sin saberlo, quería hacernos un poco semejantes a ella, algo verdaderamente difícil de conseguir. Y, como buena madre, deseaba que tuviéramos todo lo que intelectualmente ella no pudo tener: estudios, trabajo, autonomía, libertad, afán de superación... ¿Pudo haber pedagoga más completa?

Mi madre, ese espejo en el que todos nos quisiéramos mirar, esa madre tremendamente cariñosa, tremendamente buena, que es la palabra que la define, tremendamente humilde, tremendamente hacendosa, tremendamente limpia, tremendamente sacrificada, tremendamente ordenada, tremendamente trabajadora... Por más que me esfuerce, nunca llegaré a alcanzar cotas tan altas de bondad, pero en el aspecto del trabajo y afán de superación, quizás lleve parte de sus genes.

Me pregunto de dónde sacaba cada mañana las fuerzas y la motivación para levantarse la primera a tan temprana hora, trabajando incansablemente, increíblemente, para cuidar de todos, de que a nadie le faltara nada, de tener todo previsto y organizado para que cada uno de nosotros pudiera rendir según sus posibilidades individuales.

Mi buena madre, mi querida madre... Un día, el Alzheimer traidor hizo presa de ella. Cuando fui a verla, no me conoció, no sabía quién era. Salí llorando.

Volví tantas veces a visitarla, confiando en que se le habría pasado, en que retomaríamos aquella fluida comunicación que era mi soporte, tan básica, tan necesaria.

—¿Quién es este señor tan grande?

—Soy tu hijo, mamá.

—No, usted no es mi hijo —contestaba—. No me engañe usted, que yo no le conozco de nada.

Era desconsolador. Inútil describirlo, pues nadie que no lo haya sufrido puede comprenderlo. Perderla fue duro, pero no tanto ni tan desgarrador como aquel primer día que no me reconoció, aquel primer día en que su mayor instinto, el maternal, se esfumó, y ya no se sintió mi madre. Su larga enfermedad fue demoledora y su fallecimiento constituyó solamente un paso más de la despedida, pues había empezado a morir aquel día que perdió la memoria.

«Yo era su ojo derecho», eterna discusión de los hermanos. No me explico cómo pudo conseguir que cada uno de nosotros creyera que éramos el elegido, el especial. Lo que sí sé es que ella es la única persona del mundo que me consta que hubiera sido capaz de darlo todo por mí, incluso su vida.

Una madre es una madre. Lo más sagrado. Perderla es algo muy duro y, en su caso, doblemente duro. Porque la mía murió dos veces.

24. Las risas de Mari Ángeles

Mari Ángeles Romero es el nombre de una mujer que hace unos años apareció en nuestras vidas para ayudarnos en la difícil e impagable tarea de acompañar a mi madre en su enfermedad, y realizó una misión que nadie le había encargado: conquistar el corazón de la familia y permanecer en él para siempre, de manera que ahora es algo más que una amiga, es alguien de la casa.

Lo primero que me llamó la atención de M.ª Ángeles fue su piel lisa y blanca como la nieve. Más tarde pude ver que su interior es una réplica de su aspecto externo: es clara, transparente y sincera. Podría decir muchas cosas buenas de la labor que desempeñó con nuestra madre y de sus numerosas cualidades personales, pero quiero destacar lo más importante en ella, algo que siempre la acompaña: su risa. Tiene una risa que rompe el aire, que te hace ver el mundo de color diferente. Una risa alta, una risa franca, una risa sonora. Una risa rompedora, terapéutica, que transforma el ambiente y despeja las tensiones. Su hermana Rosi nos visitaba con frecuencia y pasaba temporadas con nosotros, y también tiene una risa sensacional, personalísima, pero diferente. Cuando Rosi creció, se casó y fue madre, le hizo algo que la ligó para siempre a nuestras vidas: puso a su hija el nombre de mi madre, Teresa. Fue el regalo más bonito que mi familia ha recibido. Oír las dos risas de estas hermanas a coro es realmente un espectáculo.

M.ª Ángeles ríe por poco —¡qué alegría!—. Y seguro que, como todos, tendrá muchos motivos para no reír. Pero ella ha sido agraciada, o criada, con ese don de la risa alegre, cristalina, simpática, que te eleva el espíritu.

La risa de Mª. Ángeles. ¡Qué alegría!

25. Curro, siempre igual

Una de las cosas más bonitas que nos transmitieron nuestros padres fue el valor de la amistad. Es una suerte poder decir que, además de nuestra extensa familia, hemos estado siempre acompañados por una serie de personas cuyos nombres están grabados en el árbol genealógico de nuestros sentimientos, pues si bien sus apellidos no coinciden con los nuestros, hemos compartido con ellos tantos ratos y experiencias que olvidarlos a ellos sería como olvidar nuestras raíces. Alrededor de la mesa de la cocina, en verano y en invierno, se sentaban con nosotros vecinos, parientes, amigos, trabajadores de la tienda y de la casa, que compartían con nuestra familia día a día el café y los problemas, la cerveza y las risas, lo malo y lo bueno. Agradezco mucho a mis padres que me hayan enseñado a sentarme con todos, a respetar a todos, a descubrir lo bueno que hay en el interior de cada uno.

Entre estas personas que a diario compartían nuestras vidas estaban Ángel Mármol, el contable; Ramón, que era todo: sobrino de María y, por tanto, como de la familia, vecino, amigo, compañero de juegos de los hermanos pequeños, empleado de la tienda y trabajador incansable que comenzó con mi padre y continúa en la empresa, con mi sobrino. También entraban los conductores de camiones y furgonetas, los que ayudaban a descargar camiones… De algunos no logro recordar los nombres, pero sí su cara y su buen hacer. No olvido a Cristóbal, que destacaba por su creatividad y que mi padre consideraba demasiado cualificado para malgastar su vida en el almacén. No se equivocaba: llegó a ser piloto de vuelos transoceánicos y mis padres presumían de ello como si de un hijo se tratara.

Y entre todos ellos, el hombre de confianza de mi padre, su mano derecha: Curro. Es la persona más fiel que jamás he conocido. Entró muy niño a ayudar a mi padre en la tienda, y en ella permaneció hasta el día de su jubilación, día tras día, año tras año, desde la mañana a la noche, sin horarios, sin prisas, sin quejas… casi sin enfermedades, no quería permitirse ni una ausencia. Fueran buenos o malos tiempos, Curro no fallaba: su sonrisa, su lápiz en la oreja para hacer las cuentas, sus gafas, su simpatía, sus ojos siempre risueños y alegres eran sus compañeros inseparables de mostrador.

Y Curro sigue igual. Siempre ha sido y será igual: honrado, fiel, trabajador, responsable, hacendoso. Idéntico desde el principio al final, desde niño a jubilado, primero con mi padre, luego con mi hermano, después con mi sobrino. Tres generaciones han pasado, muchos cambios se han experimentado, pero su fidelidad ha permanecido invariable. Un ejemplo como empleado, como persona, como amigo.

Sonríe, trabaja, vive. El inefable Curro. Curro de toda la vida. Curro de siempre.

26. Mi biblioteca particular

Los que me conocen pueden pensar que, por mi carrera de perito, soy un hombre de ciencias, pero en realidad, mi padre era un hombre de letras, y yo lo he heredado de él. Y digo que era un hombre de letras porque se pasó la vida haciendo letras para el banco, letras inconfundibles, rectangulares, apaisadas, temibles letras de cambio que yo ayudaba con respeto a rellenar.

Esas letras nunca me gustaron, toda mi vida he luchado por no tenerlas, pero sí me gustan los libros, lo confieso. En casa no abundaban, así que, para mí, visitar la casa de don Fermín Requena, maestro, escritor y poeta, suegro de mi hermana, constituía una visita al paraíso. Librerías todas iguales, quizás de más de un metro de ancho por otro tanto de alto, repletas de volúmenes, adornaban su casa y las aulas de su escuela. Había libros en todos los sitios, en cada rincón de la vivienda... era como entrar en un mundo sagrado, mágico, superior. Su dueño, aquella figura menuda, vital y entrañable, todo un personaje, me regaló algunos ejemplares de sus obras. Pienso que allí se fraguaron mis aficiones de bibliotecario; hoy día debo tener unos siete mil. De niño, iba a leer a la Biblioteca de la Caja de Ahorros.

Allí, algunos iban a ligar, a hacer los deberes, a consultar. A mí, el ambiente silencioso me sobrecogía, me invitaba a concentrarme. Era feliz en un sitio así.

En cuanto tuve casa propia, me llevé todos mis libros, y me hice dueño de una habitación, en la que comencé a disponerlos. Cuando terminé, no se veían las paredes, solo quedó sitio para ubicar una gran mesa con mi flexo y mi radio, y ese lugar se convirtió en mi refugio favorito del planeta para trabajar, pensar o leer.

Los domingos, cuando vivía en Sevilla, acudía con mi hijo Jose, a quien he transmitido la afición, al antiguo mercadillo de la Alameda de Hércules; paseaba durante horas entre los puestos y, a veces, compraba un solo libro, otras veces hasta ocho o nueve. En ocasiones me acompañaba mi amigo Fernando Tejada, que me presentó al dueño de El Desván, en la calle San Pedro Niño. Aquello no era una tienda, era una descomunal biblioteca, era la Alejandría hispalense. Me gustan sobre todo los volúmenes usados, leídos, regalados, con historia. El mejor regalo que se me puede hacer es un libro.

De todos los libros regalados, el mejor me lo trajo una señora que nos ayudaba en Sevilla con las tareas del hogar. Un día me dijo que en su casa había un libro viejo de agricultura, que no sabía de dónde había salido y que me lo quería regalar. Cuando me lo dio, no le di un beso en la frente porque no era guapa precisamente. Estaba equivocada, pues no era un libro viejo: era antiguo, del siglo XVII.

Recuerdo que una vez le compré a mi hermana mayor un gran lote, tan grande que, al meterlo en el coche y cerrar el portamaletas, observé que el vehículo se hundía por atrás. Habría unas cuatrocientas publicaciones, y me parecía maravilloso convertirme en el guardián de esos libros familiares. Iba feliz con mi adquisición, alegría que contrastó con la incredulidad de mi mujer cuando me vio desembarcar todas aquellas torres de volúmenes a la entrada de la casa. Su paciencia y comprensión son infinitas.

Como la colección aumentaba con el paso de los años, en aquella habitación, cuajada de textos, ya no cupo ni uno más, por pequeño que fuese. Así que, poco a poco, mis libros, como una ilustrada plaga viviente, comenzaron a invadir el salón y otras habitaciones de la casa, hasta que, con el paso de los años, lo ocuparon todo y, ante las protestas de mi familia, me vi obligado a trasladarlos todos a Antequera. Allí está instalado ahora mi nuevo refugio, con mi radio de siempre, mi flexo de toda la vida... y también, como me he hecho mayor, mi chimenea y mi pantalla para ver cine, que es otra forma de leer. Por eso, es una biblioteca singular, para un ser singular. En consecuencia, también soy un bibliotecario singular, y detecto que los que visitan mi biblioteca se sienten extrañados, a juzgar por las preguntas y observaciones que hacen:

—¿Has leído todos los libros?

—No, mire Vd., no he leído todos, en realidad he leído muy pocos. Yo no compro los tomos para leerlos, señor, yo los compro para hojearlos, para disfrutarlos, para sentirlos, para verlos y soñar con su contenido. Si los leo, quizás llegue a conocerlos demasiado a fondo y pierdan su encanto.

—¿Los tienes ordenados?

—Pues no, no los tengo ordenados, los tengo absolutamente desordenados y me siento feliz en estos cien metros cuadrados, entre estos miles de libros.

—¿Y cuándo los vas a ordenar?

—No lo sé, quizás cuando me jubile, si eso llega. Sinceramente, clasificar y catalogar mi biblioteca es no solo una asignatura pendiente, sino también una ilusión pendiente que me da cierto miedo realizar. ¿Qué haré después?

—¿Qué tipo de libros lees?

—Pues mire Vd., los que me regalan, los que me tientan en un momento dado…

—¡Pero si tienes aquí los textos de Bachiller!

—Sí, todos los que utilicé en el Instituto Pedro Espinosa, algunos de ellos encuadernados para que se conserven mejor. Y las enciclopedias de Preparatoria, folletos y catálogos que sería un delito tirar.

Pero el no tenerlos organizados, a veces es un problema. Tenía por ahí un libro de Melilla, con la foto de una serie de señoritas casaderas, sus cualidades y su dote. Era como un catálogo de esposas que me llamó mucho la atención. Cuando he intentado re-leerlo, no lo he vuelto a encontrar; el tomo se perdió entre tantos otros.

Mi forma de querer y tratar a los libros no es la habitual. Nos educaron para no escribir en los libros. En cambio, cuando abro cualquiera de los míos y observo una anotación, un apunte, una dedicatoria, un nombre, encuentro que este detalle le aporta al libro más humanidad, me conecta con su anterior dueño.

Cuando presenté en Antequera un libro de poemas del que soy coautor junto con mi sobrina Mely, escritora y poetisa de verdad, en la presentación recomendé la sana costumbre de introducir en ellos algún folleto, postales, cartas, porque así los libros tienen más contenido, como los bocadillos. Esto provocó ciertas simpáticas risas, pero es algo comprobado: es bueno que los libros tengan algún documento actualizado de la época en que se leen; esto le aporta un valor social y personal al libro. Un día compré sesenta misales, con sus estampitas dentro, y fue algo que me conmovió enormemente.

Pero como todos los amantes de los libros, hay una cosa que odio más que nada: prestarlos. Alguien dijo: «Si quieres perder un libro, préstalo». Yo voy más allá, y afirmo: «Si quieres perder un amigo, préstale un libro». Afortunadamente, casi ninguno de mis amigos y familiares me los pide. O no leen, o tienen medios para adquirirlos, o a lo mejor es que simplemente saben que no se los voy a prestar.

Una biblioteca es un sitio para sentarse. En mi biblioteca particular y singular, yo vuelo. Allí, mi alma tiene momentos sublimes, de los que no hay tantos en la vida.

27. La Cruz Blanca

Este es un lugar de Antequera que para mi familia tiene un sabor especial. Allí está la Iglesia de la Trinidad, donde tantas ceremonias familiares hemos celebrado, incluidas mi propia boda y las de mis dos hermanas.

La boda de mi hermana mayor fue todo un espectáculo, la novia estaba radiante y las fotos guardan constancia de la belleza de actriz de la desposada. En cambio, la boda de mi hermana menor fue, según cuenta ella misma, la única boda en la que la novia no fue la protagonista. Parecía que el destino se lo tenía así reservado, ya que ella tenía su propia personalidad y sus motivos personales para no gustarle llamar la atención, prefiriendo pasar desapercibida. No hubo forma de convencerla de que se pusiera velo, ni zapatos de novia, ni un vestido tradicional; ni siquiera de que celebrara su boda como todos los hermanos habíamos hecho en casa de Pura Valle. Cuando nos dijo que iría a la iglesia en el mismo coche que su novio, un «Mehari» color naranja que parecía de plástico, todos dijimos: ¡Va a ser la bomba! Y lo fue, pero no por eso. El día de la boda, mi padre dijo que se iba a Málaga, y que traería una sorpresa. La novia, sonriente, pensaba en un regalo especial, quizás un viaje, un mueble… era una incógnita. A la hora de comer, la casa bullía, llena de invitados que se habían desplazado de otras ciudades, incluida la familia del novio recién llegada de Madrid, el timbre no paraba de sonar y numerosos regalos llenaban la entrada y el comedor.

Una vez más, sonó el timbre y mi madre acudió a abrir la puerta. Un señor, apoyado en el quicio en una postura que nos resultó familiar, preguntó:

—¿Está don Antonio Sánchez-Garrido?

—Pues en este momento no está aquí.

—¿Tardará mucho?

—No le puedo decir, porque está en Málaga, pero dígame qué desea.

—Parece mentira, Teresa, que después de más de cincuenta años viéndome todos los días, no reconozcas al padrino de la boda.

Mi madre se quedó mirando al desconocido de arriba abajo. Era mi padre, que volvía de Málaga con una peluca gris, pues no quería asistir a la boda con su brillante calva de casi toda la vida. Estaba irreconocible. El alboroto fue genial, y hubo opiniones para todos los gustos, pero no había nada que hacer, la peluca era fija.

Luego, en la entrañable celebración familiar que mi hermana mayor y su marido organizaron en su casa de campo, mi madre reía a mandíbula batiente recordando aquel momento, y cómo, con el bullicio, no había sido capaz de reconocer las ropas, la voz de su propio marido. Aquella tarde, pues, al hacer la entrada a la Iglesia de la Trinidad, todas las miradas recaían en la figura del padrino, que estaba feliz de ser el centro de atención, y que con su novedosa apariencia consiguió atraer la atención más que la propia novia.

El entorno de aquella iglesia, a mi padre en particular, le traía muy buenos recuerdos. Cuando él tenía unos quince años, un día se asomó, inclinándose sobre la barandilla del jardincito de entrada, y vio a una niña morena, con el pelo largo, negro y frondoso, que jugaba al diábolo abajo, en la puerta de la carpintería de Rafael Reyes. La niña era la hija del carpintero, tenía doce años, y una de las veces que lanzó el juguete hacia arriba con gran destreza, muy alto, sus ojos quedaron atrapados a los de aquel mozalbete que la miraba sonriendo fijamente, y el diábolo cayó rebotando en medio de la calle de tierra. Esa niña era Teresa, mi madre, y desde aquel día, las miradas se sucedieron y acabaron en otra boda, en circunstancias muy diferentes.

Su vida, como la de la mayoría de las niñas de aquella época, fue realmente dura, de modo que aquel juguete fue de los pocos de que pudo disfrutar. Su padre, en la carpintería, hacía entre otros muchos objetos, carros grandes, con sus enormes ruedas y sus varales para que los mulos tiraran de ellos. Era un espectáculo ver hacer un carro, todo artesanal, a partir de rudos troncos, en bruto, a los que daba forma pacientemente, con una pequeña hacha, sentado en un gran tronco de madera. Parece que estoy viendo cómo metía los radios de madera en el aro de hierro de la rueda. Había que hacer un fuego alrededor del aro, para que con el calor dilatara, y así más tarde, al enfriarse, quedaba el cuerpo de madera embutido dentro del mismo.

En aquellos años, los niños tenían poco tiempo de jugar y aprendían pronto a ayudar en las labores de la casa. Mi madre, la mayor de los hermanos, tuvo que dejar a muy temprana edad la «miga», adonde acudía feliz con su sillita pues le gustaba aprender, para cuidar a los más pequeños, pues mi abuela, que cosía y bordaba primorosamente, estaba muy ocupada confeccionando delicados trajecitos infantiles, por encargo de las más acomodadas familias antequeranas.

A veces, también ayudaba a traer cubos de agua de la fuente cercana, agua que necesitaban para el uso diario y para los trabajos de la carpintería. La transportaba en grandes cubos de hojalata, que pesaban aun cuando estaban vacíos, por lo que ella detestaba esa tarea. Solo hubo un día en que no le importó el peso de los cubos: durante la guerra, le prendieron fuego a la Iglesia de la Trinidad. Todos los vecinos se apresuraron a colaborar para apagar el incendio, y la que más corría era aquella niña, mi madre, que llenaba frenéticamente los enormes cubos de la carpintería, contribuyendo a que su querida iglesia permaneciera de pie, detalle que no puedo ignorar cada vez que paso junto a este templo.

Alegres y tristes leyendas de aquel rincón antequerano, donde se desarrollaron algunas de las historias más estremecedoras que he oído contar: en la guerra, mi tío Paco, hermano de mi madre, se había perdido en los bombardeos. Estando en el campo, siendo un niño, se asustó al oír el estallido de las bombas y huyó a través de los sembrados llegando hasta Málaga, donde mendigó hasta que un médico, al fijarse en el buen corte y en el bordado de sus ropas, se apiadó de él y se lo llevó a su casa. Mi madre nos relataba con frecuencia la historia y la felicidad que sintieron después de tantos meses de darle por perdido, cuando aquella familia se puso en contacto con ellos para decirles que su hijo estaba vivo y que le recuperarían en cuanto acabase el conflicto, como así fue.

Por aquellos años, mi padre fue destinado al frente en Granada, por lo que mi madre se refugió en la casa de mis abuelos, en la Cruz Blanca. Mi madre, destrozada aún por la pérdida de Eulalia, su primera hija, había dado a luz a una preciosa niña que, por su colorido, no parecía hija de ellos: era un precioso bebé de rizos rubios, ojos vivos y azules, piel delicada, un regalo del cielo que les hacía olvidar las penas a la joven pareja, que les imprimía ganas de vivir.

La pequeña pugnaba por la vida, crecía por momentos, mientras a su alrededor, esa terrible guerra se desataba sin remedio. Cuando sonaban los avisos de bomba, mi madre, como otros muchos vecinos, se cobijaba en el cementerio existente en los bajos de la iglesia, con su pequeña Mely apretada en su seno. Mi madre no olvidaría nunca cómo, mientras los adultos lloraban asustados, mientras el techo se estremecía sobre sus cabezas, su preciosa niña mamaba ajena a todo aquel desastre. Y, paradojas de la vida, aquel pequeño ser se convirtió en la persona más alegre, optimista y positiva de toda la familia, a pesar de haber tenido que lactar entre las sepulturas del cementerio trinitario. Esta mujer debe llevar algo especial impreso en su carga genética, ya que sus hijos son igualmente geniales. Será la mejora espontánea de nuestra raza. De la raza que surgió en nuestra entrañable Cruz Blanca.

28. Mi boda

La película en super-8 de nuestra boda no tiene desperdicio. Viéndola hoy, objetivamente, pienso que Almodóvar bien podía ganar un Óscar con la trepidante historia de aquel día, pero para nosotros era lo máximo, una boda perfecta para la época, la culminación de nuestros sueños juveniles.

Después de una ceremonia clásica, como he dicho, en la Iglesia de La Trinidad, los flamantes novios y una multitud de invitados nos desplazamos, ¡cómo no!, a las dependencias de Pura Palomo Valle, líder de las celebraciones nupciales de aquellos días. Hasta el último momento nunca sabías quién iría y quién no; no se estilaba eso de las confirmaciones, lo cual influía en los nervios, pues era imposible controlar la situación.

Y en aquellos salones nos encontramos sentados aquel día 8 de septiembre de 1968, ingenuos, inocentes, inmaduros, ilusionados, agradecidos, despistados, atemorizados, ante unas mesas en las que ya estaba preparado el ágape: la mortadela, las patatas fritas... Hasta la Coca-Cola, recuerdo, estaba servida en los vasos cuando hicimos nuestra entrada en la sala. Cuando pedías una cerveza, debías tener cuidado de no mojarte el traje: venían goteando. Hay que recordar que entonces se enfriaban en grandes cubetas, con barras de hielo.

Nos sentíamos felices rodeados de nuestra familia, de nuestros amigos, aunque también pasabas algún mal trago cuando te tocaba saludar a alguien completamente desconocido, algún pariente lejano o un compromiso a quien no reconocías. Y no faltaba, como en todas las bodas, aquel niño travieso que tiraba las bebidas, gritaba, corría, hacía burla... en fin, que molestaba. También se echó en falta la presencia de algunos que no pudieron acudir.

Pero seamos sinceros: lo que más nerviosos ponía a los hombres de antes era el miedo... a lo desconocido. Llevabas una novia a estrenar; eran otros tiempos. Así nos habían educado, férreamente: casi todo era pecado. Y pecado de los de entonces. Nunca olvidaré cuando, al terminar la cena, partimos en nuestro Citroën 2CV, casi tan impecable como la novia, prácticamente nuevo, hacia Sevilla, donde habíamos preparado nuestra vivienda de alquiler. Y no lo olvidaré porque, al parar a repostar en la gasolinera de Las Vegas, apenas podía andar: las piernas me temblaban a pesar del calor. Imponente.

¡Qué maravillosos tiempos, a pesar de que lo debía todo! ¡Qué felices al encontrarnos solos, estrenando vida, convivencia y espacios en aquel piso que no era nuestro, con aquellos muebles que aún no habíamos pagado! No teníamos televisor, pero tampoco nos hacía falta: teníamos mucho que mirar, mucho que descubrir. El primer televisor, en blanco y negro, lo compramos —a plazos de trescientas pesetas— dos años después de nuestra boda.

En nuestro flamante coche, también sin pagar, salimos para Madrid por la carretera de Extremadura. A la capital, para eso éramos de pueblo. Y nada de reservas de hoteles: entonces ibas a la aventura. Después de hacer noche en el parador de Oropesa, llegamos a Madrid, donde no encontramos nada asequible a nuestros bolsillos, pues había una convención importante. Gracias a ello, nos vimos obligados a reducir nuestro viaje, pero también a pasar unas noches inolvidables en un hotel decente, el más lujoso que habíamos conocido en nuestras vidas: el Meliá Madrid, recién inaugurado y muy caro para nuestra economía. Después de sacar hasta la última peseta del monedero para calcular nuestras posibilidades, decidimos que nos quedaríamos allí, sin movernos hasta agotar los fondos. Visitamos El Escorial, el Valle de los Caídos y poco más... ¡Había mucho en qué entretenerse!

De regreso, al pasar por Bailén, me llamó la atención un enorme botijo junto a la carretera. No estaba en venta, era el reclamo de una tienda de cerámica. Paramos, negocié el precio de la vasija gastando hasta los últimos céntimos que quedaban, pero me parecía que merecía la pena llevarse algo grande, tremendo, original, inusual, como recuerdo de lo que había supuesto para nosotros una magnífica odisea. El problema fue que, una vez pagado, no cabía en el maletero. Afortunadamente, pudimos meterlo a duras penas en el asiento de atrás del coche, que parecía hecho a medida de nuestro botijo. Lo subimos a la terraza de nuestro flamante piso alquilado y era como nuestro distintivo: se veía desde todo el barrio. Aquel botijo fue tratado con mimo por nosotros dos y por los hijos que después vinieron, y se trasladó con nosotros de ciudad en ciudad y de vivienda en vivienda en repetidas ocasiones. Cuando, años después, nos mudamos a un chalecito de Gabia Grande, le pusimos a la casa el nombre de El Botijo, y él presidía nuestro porche de entrada hasta que, un buen día, una niña se subió en él, lo tiró y lo rompió. Pocas cosas he sentido tanto; me sentía desconsolado por la pérdida, grande de tamaño y con alto valor simbólico para nosotros.

Cuando ahora los jóvenes se quejan de que ganan poco, rebusco en mi memoria y no recuerdo experimentar la sensación de escasez y descontento que ellos describen. Y eso que mis cuentas, al volver del viaje, estaban muy claras: ganaba 10 000 pesetas netas aproximadamente y el alquiler del piso me costaba 4800 pesetas, prácticamente la mitad. Un piso de alto nivel, un bolsillo con poco dinero y un corazón con mucha ilusión.

En aquella época procuraba ir a Antequera con asiduidad. A la vuelta, me sentía con el alma reconfortada por el cariño de mis padres y la convivencia con mis hermanos, pero también el estómago agradecido por los sabrosos guisos maternales. Y cuando, en el momento de la despedida, mis padres, invariablemente, insistían en que me llevara aquellas magníficas cestas cargadas de queso, chorizos, morcilla, me costaba hacerme el interesante y decir: «No hace falta, mamá, pero si insistes...».

¡Qué bien me venían aquellos regalos para acabar el mes! ¡Y qué bien me sabían los productos de mi pueblo! Aquellos padres sabios conocían cómo tratar a la joven pareja y ofrecían alicientes para que la visita se repitiera pronto. Tonto de mí, no lo he comprendido hasta que yo mismo he sido padre.

29. Hermano Mayor del Niño Perdido

Tenía veintiún años cuando acabé los estudios de Perito Agrícola en Sevilla, en el Cortijo El Cuarto, y, recién acabado, entré de lo que hoy llamaríamos becario en Amoniaco Español S. A., cuya fábrica central se encontraba en Málaga. A mí me destinaron a Antequera como perito de zona, para colaborar con Abonos Berdoy en la introducción y promoción de abonos líquidos, grandes desconocidos en España a la sazón. Fueron aquellos unos bonitos tiempos de los que guardo bellos recuerdos, y en los que tuve la oportunidad de aprender e investigar, de abrir mi mente a nuevos retos y horizontes profesionales.

Por aquellos tiempos, trabajaba en la azucarera como jefe de cultivos, mi recordado y querido pariente Rafael Sánchez Carmona, que formaba parte junto con Enrique Guzmán de la directiva de la Cofradía de Abajo, y me propusieron para Hermano Mayor del Niño Perdido.

Durante dos o tres años ocupé este puesto, saliendo en las procesiones de Semana Santa. Como, dada mi estatura, el traje de hermano mayor me estaba corto, me lo tuvieron que alargar añadiendo un tramo de terciopelo morado, que cuando te acercabas, notabas perfectamente que era un añadido, ya que el traje estaba usado y desvaído por el paso del tiempo. Supongo que mi aspecto, enfundado en aquellos reformados, incómodos y pesados ropajes que picaban y estrechaban, desfilando con mis enormes pies doloridos por las calles de Antequera, no era el que yo imaginaba, pero yo, en el centro de la calle, con mi martillo para tocar la campana, con mi traje ricamente bordado, envuelto en los sones de la música procedente de la banda y contemplando el respeto y fervor que infundía en los hombres y mujeres que esperaban pacientemente su paso, me sentía un ser privilegiado.

Los hermanacos me querían y respetaban, y yo procuraba motivarlos para que cumplieran gustosamente su dura tarea. Un año, en lugar de llevar el habitual botijo con agua para refrescarles, conseguí en la plaza de abastos uno de tamaño descomunal. A la hora de rellenarlo, tuve la feliz idea de añadirle aguardiente, detalle muy apreciado por los porteadores. No podría asegurar si hicimos el recorrido acostumbrado o si nos torcimos un poco, pero guardo buenos recuerdos etílicos de aquella procesión.

Para mí constituía un honor este cargo, pues a lo más que yo había llegado en nuestros rituales de Semana Santa fue a ser hermanaco del Cristo Verde, de la Cofradía de los Estudiantes en sus inicios, de lo que guardo fotos junto a otros muchos compañeros del Instituto Pedro Espinosa. Conservo como oro en paño unos versos escritos en aquellos días de forma espontánea en una servilleta de papel por unos amigos, titulados «Al hermano mayor del Niño Perdido».

Aunque comencé mi tarea con fuerte ilusión, mi casamiento y mi traslado a Sevilla determinaron que, con todo el dolor de mi corazón, tuviera que abandonarla, pues desde allí resultaba imposible controlar y organizar el evento, contactar con los hermanos para llevar la imagen... Hay que recordar que muy pocos disponían de teléfono en aquella época (los móviles no habían nacido aún), y las carreteras y medios de locomoción y comunicación tampoco eran los de ahora. Por otra parte, este cargo suponía para mí un esfuerzo económico importante, ya que el hermano mayor ofrecía una comida a todos los participantes, que mi nueva y mermada economía de cabeza de familia no me permitía. Sin embargo, aquellos breves años me convirtieron en eterno y fiel cofradiero de mi cofradía de Abajo, y por más que conozca y visite otras procesiones, encuentro algo especial en la mía que a las demás les falta. Siempre que puedo, acudo el Viernes Santo al amarre de las almohadillas, contemplo las imágenes, abstrayéndome principalmente en la belleza de la Virgen de la Paz, y presencio, solemne, el inmutable paso del Niño Perdido, sintiendo envidia al observar que todos envejecemos mientras que Él continúa tan niño como siempre.

A su paso, experimento unos sentimientos ancestrales de respeto, incluso me siento sorprendido e indignado ante los que prefieren pasar estos días de vacaciones tumbados en la playa o soportando los inconvenientes e incomodidades de las tan en boga «casas rurales». Encuentro que la afluencia no es la que nuestra Semana Santa merece, que habría que potenciar y mantener esta tradición, seamos o no creyentes. La nuestra, es una SEMANA SANTA así, en mayúsculas, como ninguna otra. La emoción sin par cuando subes esa peligrosa y empinada «vega», ese bullir de personas, devoción, alegría... Esos pregones, como el que en su día ofreció el magnífico Fermín Requena Escudero... Sí, reconozco que me encanta nuestra Semana Santa. ¿Tendrá algo que ver que en una de ellas, a los catorce años de edad, conociera a la que hoy es mi mujer? Realmente, eso debió ser lo que llaman un «flechazo», aunque yo, en lugar de flecha, sentí cómo un concierto virtual de luz y alegría estalló en mí. Y todavía, a pesar de los altos y bajos que todas las relaciones humanas experimentan, la ilusión permanece imborrable en mi corazón.

En este mundo de prisas, globalizado y deshumanizado, me sorprendo a mí mismo con sentimientos contradictorios cuando, al aproximarse esas fechas, busco entre mi música mis saetas favoritas y vibro al escucharlas. Y allí, en la carretera, conduciendo y escuchándolas, me siento todavía el hermano mayor del Niño Perdido, un hermano mayor también perdido, un hermano menor, un hermano pequeño del Niño, perdido en este mundo en el que se controlan los movimientos externos de sus pobladores con avanzados GPS, pero en el que se pierden tradiciones y sentimientos que nuestra precipitada vida y las estructuradas normas de actuación no dejan aflorar.

Quiero seguir siendo, para siempre, hermano mayor. Quiero ser siempre un Niño Perdido.

30. Recuerdos fundidos

Cualquier jornada en Antequera hace que, como los metales calientes que se funden entremezclando sus elementos, los recuerdos en mi mente fluyan y se deslicen formando un intrincado amasijo de recuerdos.

Un día más, un 7 de enero de 2006, final de las vacaciones de Navidad, se organizó una reunión como tantas, en casa de mi hermana mayor, a la que acudieron hermanos y amigos: Jose A. Morente y Sra., Placi y Rafa Pino, Salvador Casaus y Sra., mis hermanos Antonio y Carlos con sus esposas, Trini y yo… Una especie de clausura de las vacaciones. La anfitriona, muy práctica, hizo que pasáramos una velada feliz, contando chistes, bromas, banalidades que consiguen un efecto relajante.

—Doctor, ¿puedo bañarme con diarrea?

—Pues no sé, Sra., si conseguirá usted llenar la bañera…

Y así, mil chistes, la pena es que soy incapaz de retenerlos, me propongo acudir a estas citas con un magnetófono para disfrutar posteriormente de algunas chispeantes e irrepetibles conversaciones llenas de momentos sublimes.

Entre las muchas tonterías que se dijeron, comentamos que no es lo mismo «irritado» que «inritado», lo segundo suena mucho más fuerte.

—Claro, por eso Jesucristo murió de una «INRItación» —apostilla uno.

—No os riais —dice mi hermano Antonio—. Yo, cuando quiero expresar más que «mucho», digo «muncho».

Ese mismo día, después de las aludidas relajantes banalidades, dediqué unas horas a pasear y deambular por Antequera, a recuperar flecos de recuerdos que aún permanecen escondidos en algún lugar de mi cerebro. Me sorprendieron los nuevos caminos y modernas urbanizaciones que descubrí por el Polígono Industrial, por el camino de los Molinos. Disfruté con el espectáculo visual de la vega antequerana, desde la perspectiva de los pequeños miradores de las calles cercanas a la cantera, y al Cerro de la Cruz. Al ver a lo lejos el cementerio, recordé que en mi niñez, existía un «Cementerio de los Ahorcados», donde se enterraban los que se sabía que no iban al cielo. Entrar allí era sobrecogedor, pensabas que aquellas almas se debatían entre las llamas del infierno. Afortunadamente, esto ha desaparecido.

Desde el mirador contemplé el Cerro de Marimacho, que entiendo es perentorio anexarlo al recinto de la Cueva de Menga. Lo más lógico, por proximidad y geografía, es que allí se encuentre un importante yacimiento arqueológico.

Diviso El Molino Dorado, que mi padre adquirió por 60 000 pesetas de las de hace cincuenta años, y lo vendió por unas 80 000. ¡Cuánto sentí que nos desprendiéramos de aquél viejo molino, del tiempo de los árabes, en el que tan buenos ratos hemos pasado!

Reconocí el arroyo La Madre, que tenía olvidado, que me dijeron de niño que entra por debajo de Antequera y que jamás he sabido por donde sale, portando las aguas del Nacimiento de la Villa, después de mover molinos y servir para el teñido de las antiguas mantas, elaboradas en las desaparecidas fábricas. No hay molinos ni fábricas, pero el arroyo continúa su manso paso.

Me vino a la memoria El Romeral. Este es el nombre de la finca que en su día fue del gran político antequerano Romero Robledo. Después durante muchos años perteneció a la familia García Berdoy, ahora no sé qué habrá sido de ella, no he vuelto a visitarla desde la boda de Juan López García-Berdoy, pero no faltan rumores sobre la construcción de un hotel en la misma. Sus aguas estancadas conformaban desde luego un sitio bucólico para soñar. Un bello rincón con historia propia, a potenciar turísticamente como lugar de reposo y descanso.

En mi infancia estuve allí de excursión con un grupo, previo permiso de don José, y navegamos en barca en su canal silencioso. Íbamos muchos en aquella barca, recuerdo que yo estaba de pie en el centro y que, excitados por la experiencia, debimos hacer algún movimiento brusco que desestabilizó la embarcación. Como consecuencia de ello, yo perdí el equilibrio, y al caerme me agarré a lo primero que encontré: la falda de una señorita que también iba de pie, por lo que la joven quedó casi desnuda por la parte de atrás, donde la espalda pierde su nombre. Fue una experiencia bochornosa pero doblemente excitante. Lógicamente no doy su nombre.

Sigo paseando y los pensamientos se confunden, las ideas se agolpan. Al pasar por la calle de la Vega, observo el edificio de pisos construido en lo que antes fue la Iglesia de San Isidro, donde a tantas misas, bautizos, rosarios y actos religiosos he asistido. Hasta guateques se celebraban para jóvenes en su planta superior. Siento indignación, añoro aquella iglesia, no sé cómo se permite que desaparezcan monumentos de este calibre y sean sustituidos por funcionales edificaciones. Menos mal que esto se ha parado ya, y que se están haciendo progresos en otro sentido. Paseo por los alrededores del Hotel Golf, sopeso la encomiable labor que ha realizado don Ramón Jiménez, con su increíble visión y su gran facilidad para los negocios y para las relaciones sociales, y lo que su trabajo ha repercutido en el desarrollo y proyección externa de nuestro pueblo.

Al menos, se está rehabilitando la Iglesia de San Pedro; cerca de ella paso por la calle Toril, por donde iban los Toros a ser lidiados en lo que hoy es plaza de abastos.

Ideas confundidas, remolinos de recuerdos que acumulo y revivo paseando por Antequera, por calle Santa Clara, donde iba a comprar la meloja, a casa de Joseíto. Paso por la calle Toronjo, y me parece oler aún el aroma inconfundible de aquellos churros que preparaba Rosarito, no he vuelto a probar ninguno como aquellos. Había que pedir la vez, y esperar un buen rato, sentado en las escaleritas de granito de subida al zaguán, o si tenías suerte, en una sillita de anea. No había asientos para tanto público. El olor a la masa hecha en el lebrillo ante tus ojos, del buen aceite hirviendo, hacía que «se te saltara la hiel», como decíamos entonces. A veces, la buena de Rosarito nos daba un trocito para ir aguantando la larga espera. Cuando por fin nos entregaba nuestro pedido, envuelto en papel chorreante de aceite, corrías a tu casa abrasándote las manos, y gritando: «¡Abrid la puerta!». La espera había merecido la pena.

Es curiosa nuestra Antequera, crisol donde se han establecido distintas civilizaciones: desde la Edad de

Bronce, con la Cueva de Menga, de Viera y del Romeral, después la Antequera romana, la árabe, diremos la cristiana, y ahora la moderna. Se confunden ideas y recuerdos. Antequera crece, y crece bonita, con buen gusto. Con cierto estilo. Eso está bien, pues la funcionalidad de edificios iguales, impersonales y geométricos es triste y desoladora.

Coincido por sus calles con antiguos vecinos que nos quieren, que entran a nuestra casa. Ya de vuelta a Granada, por el camino rememoro el día y siento emociones confundidas, proporcionadas por lugares, calles, hermanos, amigos, recuerdos, caras familiares de gente que no conozco y me saludan, gente que conozco, pero que ya no me conocen a mí y no me saludan...

Espero que a lo largo de mi vida, pueda organizar una reunión de antiguos vecinos de los 60, será una puesta en común para recordar fechas pasadas, personas desaparecidas, recuerdos conjuntos.

—¿Te gusta Antequera? —me pregunta Salvador Casaus.

—No, Salvador, no me gusta. Me encanta Antequera. La necesito.

31. El caldo que preparaba mi madre

Ni en el mejor restaurante del mundo, ante los manjares más exquisitos y finamente elaborados, experimento aquella deliciosa sensación que me invadía cuando, en vida de mi madre, llamaba a la puerta de casa y, al abrirla, percibía el olor de ese maravilloso puchero con garbanzos que ella preparaba. Un simple puchero, un caldo blanco y espeso que ella decía que «resucitaba a los muertos».

¿Nos pasa a todos igual? ¿Relacionamos nuestras preferencias con las repetidas sensaciones percibidas en nuestra infancia? ¿O sería el amor que mi madre le ponía a las cosas que hacía? Sin olvidar las horas que empleaba en aquella simple tarea, pues el día que quería hacer un buen caldo, se levantaba a las seis de la mañana, para que se cocieran los ingredientes a fuego lento. Aquel olor a hierbabuena, aquel vapor que humeaba por el zaguán, por el «cuerpo de casa», como le llamábamos a la entrada, ponían en actuación todas mis glándulas salivales y gástricas. Era un olor tan consistente que creo que hubiera sido capaz de hacer la digestión con el estómago vacío.

—Niño, por Dios, no piques en la olla que te vas a quemar. Espera, no seas impaciente.

Realmente, no se trataba de impaciencia, era la urgencia de la edad del crecimiento, el empuje de las células pugnando por abastecerse.

—Son las ollas —dice Trini—. Hay que hacerlo en ollas de aluminio, si no es así, no sale igual.

No sé si eran las ollas o la calidad del agua, pero... ¿Y las papas guisadas en amarillo, con costilla y mucho limón? ¿Qué me dices? ¡Tiraban de espaldas! ¿Y el gallo de campo? ¿Y el pan de Antequera? No se puede comparar con ningún otro. Por no hablar del agua, la simple, magnífica e incomparable agua del pueblo, que aunque me enseñaron en la escuela su cualidad de insípida, para mí tiene un sabor particular.

Mi mujer, además de ser una cocinera creativa, ha tenido el buen gusto de mantener las recetas que le enseñó mi madre, poniendo en ello más interés que sus propias hijas e hijos. Yo nunca aprendí a cocinar. En mi defensa, alego aquella famosa frase que los de mi generación hemos oído innumerables veces:

—No entres ahora en la cocina, que la cocina es para las mujeres.

Tampoco aprendí a planchar. Soy un mongolito doméstico. Lamentablemente. Lamentablemente.

Hoy, por suerte, los tiempos han cambiado y los hombres planchan y cocinan, como debe ser, estoy de acuerdo. Pero a mí no me enseñaron. Lo digo a guisa de autojustificación, probablemente injustificable.

De todas formas, hubiera sido inútil. Para hacer el caldo de mi madre, hacían falta las manos de mi madre, el cariño de mi madre, la ternura de mi madre. Hacía falta que lo hiciera mi madre.

32. Los mantecados y los pestiños de mi abuela Pura

Mi abuela Pura vivía en la calle Río, en una casa que mi padre compró y le cedió a ella. Allí se alojaban también sus dos hijas, hermanas de mi padre: Teresa, viuda, y Sole con su marido Bernardo y sus hijos.

Mi imagen de la abuela se corresponde exactamente con las que vemos en las películas de la época: al ser viuda, vestía siempre de negro, con el manto de lana, de los antiguos, hechos a mano, y su canasto debajo del mismo.

Cada semana se acercaba a visitarnos a la calle Merecillas, y los nietos también acudíamos a visitarla con frecuencia.

Mi abuela Pura, aún en sus últimos años, conservaba una belleza impresionante, una piel totalmente blanca, y unos ojos encantadores. Hoy, al contemplar alguna de las pocas fotos que quedan de ella, me doy cuenta de que no eran apreciaciones infantiles, realmente su mirada y sus rasgos, la pureza de sus facciones, le imprimían un aire distinguido y sereno.

Pero además de su bondad y cariño, tenía otra virtud, mi abuela: los dulces que preparaba para los nietos. Soñábamos con la Semana Santa, en que ella preparaba unos pestiños que siempre nos parecían pocos, que robábamos y saboreábamos a escondidas. Y no digamos los mantecados. Después de hacer la masa y darle forma, los colocaba delicadamente sobre papel y nos enviaba con las bandejas al horno de la calle el Plato, para cocerlos, lo cual era cosa de varias horas. A veces nos decían que fuéramos al día siguiente a recogerlos. Esto era un sufrimiento, no solamente por la impaciencia de probarlos, sino porque pensaba que podían perderse en el horno, que podían cambiárnoslos por otros, que ya no serían igual, ya no los habrían hecho las manos de mi abuela. Tenerlos bien controlados se convertía en una obsesión, llegué a desvelarme por la noche, preocupado por el paradero de mis mantecados.

Siempre hemos sabido que los mayores gustan de revivir y relatar los recuerdos que en sus mentes se acumulan, a lo largo de la vida. Yo ya soy mayor, disfruto recordando. Estos fluyen de mi mente, con eso ya contaba... pero lo que ignoraba es que de mi cerebro, de mi estómago o quizás de mi pituitaria, de algún lugar recóndito de mi ser, surgirían inesperadamente en mi madurez tantos olores y sabores que aún hoy permanecen imborrables.

Rememoro con nostalgia aquellos dulces recuerdos olorosos y gustativos de los pasteles de mi abuela Pura. Su nombre le iba bien, ella era así: pura abuela, pura bondad, pura comprensión.

33. El pez que canta

Hace unos años, estando en Colorado Springs visitando a unos amigos de mi hija Eva, vi en unos grandes almacenes una colección de esos regalos inservibles con los que luego, cuando estás en casa, no sabes qué hacer. Entre aquel gran surtido, divisé un pez de plástico dispuesto en una tabla de madera, supuse que era una trucha típica de aquellos ríos, un objeto de dudoso gusto. Pero al pasar junto a él, el pez dobló la cabeza, me miró, me cantó *Don't worry, be happy,* movió alegremente la cola e incluso me sonrió. Una maravilla. Quedé enamorado de inmediato, y como pude, con mi inglés mediocre, averigüé el precio, que era casi cien dólares. Cuando mi hermana y mi mujer adivinaron mis intenciones, pusieron el grito en el cielo, y se rieron de mí y de mis gustos infantiles.

—¡Qué disparate! —argumentó mi esposa—. ¿Dónde quieres poner esa baratija?

—Pues me gusta.

—Es un capricho muy tonto. Y no cabe en la maleta —añadió tajante.

Se pusieron hasta serias, así que no me atreví a insistir más. Total, que no compré mi pez. Puede parecer estúpido, pero me sentí de nuevo un niño, ilusionado por el simple automatismo de un pez que canta cuando pasas a su lado, un pez que podría hacerme compañía, animar mi casa, recordarme ese viaje cada vez que escuchara su voz de pez diciéndome, en inglés, una de las cosas que entiendo en ese idioma: *Don't worry!*

Volvimos los tres a España, mi hija se quedó un mes más allí. Siempre digo que es mi hija preferida, (ella siempre me contesta: ¡Claro, soy la única!) pero seguro que más después de lo que hizo aquel día. Cuando fui a recogerla al aeropuerto, me abrazó y me entregó una caja que traía en sus manos. Al abrirla, vi que dentro estaba mi pez. Había vuelto al almacén para darme la sorpresa.

Desde entonces, mi trucha americana está en mi casa de Antequera, en el alféizar de la ventana de las cámaras. O en el poyete, como hemos dicho siempre. Y cuando paso por delante, me canta, mueve la cabeza y la cola, me sonríe, y lo más curioso es que no hace que me acuerde de aquel viaje ni de los americanos. Me hace recordar a mi querida hija Eva, que invierte los roles y da a su padre hasta los caprichos más tontos e inútiles.

Mi hija Eva, es así.

34. Reflexiones en torno a una escupidera

En esta época actual, en la que todo es limpieza, higiene y asepsia, se ha quedado muy atrás el uso de la escupidera debajo de la cama. Escupidera, que viene de escupir, pero que en realidad se utilizaba para orinar. Imposible para otros menesteres mayores, eso no se hubiera consentido. Aunque a muchos les desagraden estos temas marrones y escatológicos, no hay más remedio que considerarlos, pues formaban parte de la cultura de la época. Este objeto, presente a lo largo de los siglos desde la Edad Media, parece que al menos en Antequera, en las casas que yo frecuentaba, se perdió a lo largo de la década de los sesenta. Hubo una moda aséptica, un barrido general de escupideras, del que fui testigo, y no quedó ni una. Después de tantos años poblando las viviendas mundiales, han desaparecido sin dejar rastro. Si calculamos que en la España de entonces había unos veintiocho millones de habitantes, esto supondría aproximadamente catorce millones de escupideras desaparecidas, que no sabemos dónde han ido a parar.

Cuando yo volvía de visita los fines de semana, las echaba en falta. En invierno, las casas estaban heladas, hacía un frío de impresión dentro de las habitaciones, y el ir de noche al cuarto de baño se me hacía cuesta arriba. Ibas por el pasillo, tiritando, y cuando llegabas al servicio, te encontrabas la desagradable sorpresa de que estaba ocupado por uno de los miembros de nuestra numerosa familia. Las escupideras evitaban estas situaciones, si bien tenían sus inconvenientes. Una noche, soñé que era verano, estaba tendido en la playa y me daba el sol. Introduje mi mano en el mar para probar la temperatura del agua, era perfecta, ideal para bañarse. Me desperté, y noté que tenía la mano dentro de la escupidera.

Orinar dentro de la escupidera era, en cierto modo, un arte, al menos para un varón. En el caso de las mujeres, desconozco el procedimiento. Conviene que el hombre se sitúe de puntillas, así los pies sufren menos el frío, y entonces pones las rodillas sobre el filo metálico o de madera de la cama. De esta forma, tienes cuatro apoyos: los dos pies y las dos rodillas. Esta postura no conviene que sea muy vertical, pues tiene el peligro de que si te inclinas un poco hacia atrás, te caes sin remisión de espaldas. Esto en la práctica ha ocurrido muchas veces y ha habido notorios accidentes, en actitud un poco complicada, caído de espaldas, y con la mano en la pilila.

Bajar los calzoncillos también es un problema, pues de esta forma los pies quedan trabados, y con nula capacidad de maniobra. Por otra parte, hay que apuntar debidamente, para que no caigan gotas de pipí fuera de la escupidera. Si ello ocurre, te enfrentas con el problema de cómo eliminar esas gotitas. Con el pie, es una guarrada, y, además, si el pie lo tienes sucio, pondrás las sábanas hechas un primor. También cabe la opción, aún más asquerosa, de buscar alguna prenda desechada la noche anterior, por ejemplo un calcetín, y dejarlo encima como si fuera algo casual. Cuando ocurría esto, me asaltaban horribles sueños, en los que mis progenitores me reñían por haber dejado el suelo manchado de orina, que había dejado definitivamente manchada la solería.

También había que poner sumo cuidado en que, si un día hacías pis en cuclillas, no se te fuese a escapar un sonoro pedo. Esto, en una familia de seis hermanos, hubiera podido constituir un verdadero drama, si uno de ellos hubiera sido despertado por la ventosidad. Te lo echarían en cara toda la vida, serías el hazmerreír, produciendo un grave trauma, un complejo inducido, que probablemente no se te quitaría en toda tu vida. Y no querrían volver a dormir en tu misma habitación, por un simple pedo, así que había que tener precaución y no relajar el esfínter más de la cuenta. Como dice mi sabia hermana mayor: «Puede llegar a ser un dilema. Si te lo tiras, la lías, o incluso te asfixias. Si no te lo tiras, revientas».

En aquellas largas noches de infancia y juventud, divagué mucho acerca de las meadas. Por ejemplo, llegué a la conclusión de que la temperatura de las micciones no es constante, las había más o menos humeantes, supongo que dependía de la temperatura del ambiente. También el olor y color de la orina son cambiantes y directamente proporcionales: a más color, el olor se vuelve más intenso.

Por la mañana, encontrabas las escupideras blancas de loza con el líquido ambarino alineadas en el pasillo, para después ser vertidas y limpiadas, siendo imposible identificar a quién pertenecía en cada caso. A veces, eran un detector de enfermedades, mi madre las vigilaba para ver si tenían su color habitual o era necesario llevar al médico a alguno de los niños.

Hace unos años, mi hermana pequeña, que me conoce y sabe cuánto añoro estas costumbres arcaicas y primitivas, me regaló una escupidera metálica, realmente bonita y grande, que la usamos para poner dentro una maceta. No es como aquellas viejas, blancas y desportilladas, con la solera ganada por el almacenamiento durante décadas de la urea de diversas orinas. Esta es una escupidera virgen, que podría usarse para cualquier otra cosa. Es una pseudoescupidera.

Mi opinión es que hacerlas desaparecer ha sido un disparate y una de las causas más importantes del disparo de la obesidad, ya que la escupidera, además de su función de almacén de orina, representaba un lugar diario de entrenamiento físico y mental. Físico, pues te proporcionaba cada noche la oportunidad de hacer flexiones, contracciones, ejercicios de equilibrio, de brazos, piernas y abdominales. Y mental, pues mientras te venían o no las ganas, en silencio para no despertar a nadie, eran un lugar propicio para profundas y trascendentes reflexiones. Lamentable pérdida la de estos cóncavos objetos.

35. Cuarto y mitad

—Antonio —le decía una clienta a mi padre—, deme Vd. la mitad del cuarto de jamón, y pésemelo bien, que esté el peso *pasaíto.*

—¿Quién hay enfermo en tu casa? —preguntaba mi padre ante la demanda del suculento manjar.

Porque entonces, esto de comprar jamón solo se hacía en determinadas situaciones, como la de enfermedad.

—Vamos a tener que dejar de vender jamón —decía mi padre con aire preocupado, una mano en jarra, otra apoyada en el mostrador, como tenía por costumbre—. Entre lo que pesa el hueso, la corteza, lo que vale el jamón, o se tiene un tremendo cuidado en el cálculo, o se le pierde mucho dinero vendiendo al detal.

Para este menester, se usaba en nuestra tienda un cuchillo que imponía, largo y tremendamente afilado:

—Pártalo Vd. muy fino —le decían— para que cunda más.

Cuando los amigos, como Antonio el barbero, venían a tomarse una cerveza para descansar de la larga jornada laboral, mi padre les obsequiaba con un poco de jamón, que les servía sobre un papel de estraza. Antonio cogía la loncha y la ponía en vertical delante de sus ojos.

—¡Es tan fina que al trasluz es transparente! Te veo perfectamente a través de ella.

—¡Es que así sabe mejor!

Todos reíamos ante la consabida respuesta. Hacían falta cuarenta lonchas de aquellas para saborear el fiambre, eran realmente delgadas.

La escasez nos volvía suspicaces. Los clientes vigilaban el peso de las básculas. La nuestra, una Mobba, no era una báscula de precisión, además al estar la aguja separada de los números, el peso parecía variar según la posición en la que estuvieses situado.

—Antonio, que la báscula roba treinta gramos.

—No, niña, es que estás a un lado. Céntrate exactamente frente a la báscula.

Era polivisual, la máquina, lo que daba lugar a ciertas polémicas.

—Antonio, yo no me fío.

—Mujer, fíate. ¿Te he engañado yo alguna vez?

¡Una pregunta un tanto comprometida!

—Antonio, pues esta báscula pesa treinta gramos menos que la mía.

—No, hija mía, ve a cualquier tienda y verás que a todas les pasa lo mismo.

—Es que todas las básculas de Antequera roban treinta gramos.

—Pues entonces o es un defecto del fabricante o la que está mal es la tuya.

—Bueno, bueno, pues póngame la mitad del cuarto de garbanzos.

Esto sí que no lo entendí jamás. La susodicha báscula Mobba, tenía sensibilidad de diez en diez gramos. Si difícil era apreciar diez gramos, cinco debería ser imposible. A veces, los clientes pedían «cuarto y mitad», es decir, 375 gramos. ¡Y qué contentos nos poníamos cuando alguien pedía un kilo! ¡Aquellas eran las ventas que interesaban! La del kilo. Es decir, la teoría de la venta de volúmenes para hacer negocios, que estaba ya inventada. Lo que pasa es que no había posibilidades económicas.

—Y ahora póngame Vd. cincuenta gramos de atún.

—Es que Sra., cincuenta gramos de atún no se pueden despachar. Entre la sensibilidad de la báscula, el papel de estraza y lo que vale el atún, pues no sé qué voy a ponerle para no perder dinero.

—Pues le he dicho cincuenta gramos, porque sé que Vd. veinticinco no despacha.

—Si se conforma con olerlo, no le cobro nada...

Las latas eran de atún Consorcio, del Consorcio Nacional Almadrabero. Eran gigantescas, podían contener unos diez o doce kilos de magnífico atún, conservado en buen aceite. En la fábrica llenaban en primer lugar las latas, y una vez cerradas y selladas, las pesaban y ponían el peso grabado en la parte superior del envase.

Las reclamaciones eran constantes en este tipo de envases. Se llamaba al representante:

—Mire Vd., en la lata pone que pesa catorce kilos con doscientos gramos. Pongo la lata sin abrir en la báscula y pesa trece kilos con ochocientos gramos.

—No, señor, lo que falta, son mermas naturales.

—¿Que el atún merma en una lata cerrada? ¿Quién me paga los 400 gramos que le faltan y que yo he pagado?

—Pues mire, deme la lata y se la vendo a otro, pero no sé cuándo le podremos servir de nuevo. Ya sabe usted que hay mucha demanda, se la hemos traído porque nos cae simpático, por hacerle un favor...

—Bueno, bueno, no se ponga así, me quedo con la lata. No se enfade buen hombre.

—No me enfado, es que quiero dejar las cosas claras.

Pero cuando abrías la lata en cuestión, se te olvidaban los problemas ante la visión de aquellos enormes troncos laminados, unas tajadas que formaban tejidos circulares concéntricos y que olían a gloria. ¡Qué maravilla!

Por más que intentábamos discurrir, nunca supimos si ganábamos o perdíamos con la venta de aquel producto. Mi padre tenía la sospecha de que contenían más aceite del necesario, aceite que pagabas a precio de atún. Afortunadamente, teníamos mucha clientela, pues al no haber frigoríficos, los productos corrían el riesgo de deteriorarse. Los que vendían el atún en latas más pequeñas, de 1600 o 2500 gramos, no podían competir. Mi padre era arriesgado y compraba al por mayor.

La competencia era enorme. Aquella generación, de gente trabajadora pero mínimamente formada, tenía pocas salidas: o se iban al campo a trabajar como peones, o ponían un negocio, una tienda de comestibles, o un bar. Los más desesperados, optaban por marcharse a trabajar a Barcelona o a Alemania.

—Los bares son una cosa mala —pontificaba mi padre, que los frecuentaba y conocía en profundidad—. Hay mucho borracho suelto y te puedes buscar una desgracia. En el campo ya trabajé mucho, pero es inestable y mal pagado.

—Pepe, hazme una torre de latas, que a ti se te da muy bien —me decía en ocasiones.

Y allí me tienes, abriendo unos magníficos cajones de tablas de madera, sacando las latas, limpiando primorosamente las mismas. Yo ponía una lata en el centro, y alrededor de ella colocaba circularmente otras seis latas. Sobre esta primera tanda, y con el mismo eje central, iba disponiendo otras capas con exactitud, de manera que cada lata iba apoyada sobre las dos de abajo, como los ladrillos en los tabiques. Aquellas torres que llegaban al techo, eran las precursoras de la publicidad y el *marketing* de ahora, un reclamo, un signo de poder.

A veces, veíamos entrar a personas indecisas, que esperaban a quedarse solas para decirle a mi padre:

—Antonio, necesito unos mandados, pero antes quiero decirle que no tengo dinero hasta final de mes, o hasta el mes que viene.

—Muy bien, mujer, no te preocupes, yo sé que tú eres formal, y vas a cumplir. Dime qué quieres.

Mi padre decía que lo más cansado de su trabajo, era «bregar» con la gente. Y «fiaba». A veces las deudas se eternizaban y nos proponían trueques.

—Antonio, voy a ver si vendo unas cebollas que tenemos y liquidamos la cuenta. Vd. tendrá ganas de cobrar, pero aunque no le consuele, sepa que yo también tengo ganas de pagarle.

Y así, aquella tienda, se convertía en un pequeño banco, en un confesionario, en un punto de comunicación, en un sitio donde las señoras quedaban sobre la misma hora, para verse, relajarse y cambiar impresiones. Se formaban colas, y no había prisas, porque había conversación, había calor humano, había amistad, en definitiva había cariño. Ese bendito cariño, hoy perdido en las capitales, donde pasas tu vida viviendo a escasos centímetros de vecinos que jamás has visto. A veces, cuando me encuentro a alguno de ellos en el ascensor, no puedo evitar comparar las triviales conversaciones con aquellas terapias de tienda:

—Buenos días

—Hola, buenos días.

—¿A trabajar?

—Pues sí, efectivamente.

—Pues yo también.

—Hace frío hoy.

—Sí.

Y con ello, afortunadamente, ya hemos llegado abajo. Y menos mal que vivo en la primera planta. Absurdo, esto de usar el ascensor, pero al fin y al cabo, está para algo. A veces, osado, me atrevo a insinuar:

—Adiós, adiós. A ver si un día nos vemos y hablamos algo.

Pero luego me digo a mí mismo: «¿Y para qué quiero yo conocer al vecino? ¿Para que me cuente problemas o coja demasiada confianza y me dé la tabarra?».

Así que, poco a poco, nos vamos aislando del mundo. Y cuando necesitamos ir a la compra, nos vamos a los hipermercados, donde nadie nos da cuarto y mitad de conversación, ni siquiera la mitad del cuarto de cariño.

Antes, las cosas no eran así.

36. Otros establecimientos inolvidables

Dicen los sociólogos que una prueba evidente de los cambios que se han producido en nuestra sociedad en las últimas décadas es la rápida evolución del consumismo. Criado en una tienda, acostumbrado desde niño a comprar en pequeños establecimientos, sigo asombrándome cada vez que acudo a uno de esos cada vez más abundantes centros comerciales. Familias enteras se despliegan por sus pasillos, los ojos bailando de escaparate en escaparate, a la caza del capricho, del regalo, de cualquier objeto apetecible. Llenan sus carros a rebosar en los hipermercados de productos de dudosa composición, pero vistosa presentación, y vacían sus bolsillos de todos los ahorros acumulados durante el mes. A veces se desplazan allí familias al completo, con bebés agobiados y sofocados por el calor y el gentío, irritados por los decibelios de la odiosa música, abuelas con alpargatas, pasos torpes y dolor de articulaciones, que apenas pueden seguir el ritmo de la impetuosa muchedumbre, maridos con expresión hosca y aburrida, quinceañeras de ojos brillantes, pelo cortado a tijeretazos y barrigas al aire que muestran ombligos con pendientes y algún que otro indecoroso michelín, cargadas de bolsas, animadas por la fiebre del consumo.

Estos lugares se me asemejan a un gran hormiguero, por donde pululan miles de insectos, en pugna por abastecer sus instintos consumistas. Colapsan las vías de entrada, aparcan nerviosos sus vehículos y acceden por los orificios de sus puertas. En ocasiones, realizan una rápida compra y vuelven a salir, pero otras veces, las más, permanecen horas dentro del hormiguero, realizando esos movimientos que tanto nos gusta observar en las hormigas cuando somos niños: en fila o en grupos, se acercan a un escaparate, lo huelen, retroceden, dan unos pasos más, se acercan a una tienda, se separan, continúan, se paran a comer, incluso a hacer sus necesidades, o a tomar un café, vuelven a entrar de donde antes salieron, después de reconsiderarlo... Hay veces en las que incluso pasan la jornada completa; aprovechan para cenar, para ir al cine, a la peluquería. Invierten sus horas, sus días de ocio y el dinero producto de su trabajo diario en estos enormes edificios de aire viciado, donde hieráticas señoritas uniformadas con sonrisa prefabricada e inexpresiva les persiguen con la excusa de ayudarles, matándoles con la mirada si dejan una prenda fuera de su lugar. ¿Merece la pena pasar una semana de trabajo para desperdiciar tu tiempo libre de fin de semana en el hormiguero comercial?

¡Cuánto añoro aquellos establecimientos de mi pueblo, en los que me recibían con una sonrisa, en los que siempre era bienvenido aunque no comprara nada!

El entrañable «puesto» de Teresilla Carbonero, en el callejón del Colegio M.ª Inmaculada, donde todos los niños y niñas comprábamos en nuestro paso al colegio, era una caja de madera con patas, pintada de azul y repleta de chucherías o «garguerías», ante la que hacían colas las niñas y niños del colegio. Podías pasarte horas mirando, a Teresilla no le importaba, y además sabía que podía fiarse de nosotros, nadie iba a robar nada aunque ella estuviera removiendo el guiso en el interior de la vivienda. El afortunado que aquel día tenía una gorda, o una perra chica, compraba un regaliz, que llamábamos «tracto», o una bolsita de papel de chispeante «refresco», y la compartía con la plaga de amigos, que no se quitaban de en medio hasta que se acababa la golosina. Pero aquello no era frecuente, la mayoría de las veces te tenías que conformar con dar un paseo por el Campillo, el llano donde hoy está el ambulatorio, donde a veces cogíamos unos pequeños frutos silvestres, de unos matojos, que llamábamos «panecillos», o chupábamos con fruición el tallo de unas vinagretas, vigilando que no nos viera nadie conocido, pues nos regañaban, y con razón, recordándonos que cualquier perro podía haberse orinado previamente en ellas...

Ahora, es frecuente ver a los niños literalmente enganchados a la pantalla de un videojuego. Manejan a la perfección todos los botones y dispositivos, sus horas libres son pasivas ante vídeos y DVD de películas superanunciadas y nombres impronunciables. Nos quejamos de que no leen, quizás a los de aquella generación, nos encantaba leer porque un libro, un tebeo, eran un lujo, un premio especial. No había tanta diversidad ni tan alto poder adquisitivo, pero no por ello disfrutábamos menos.

Uno de los mayores placeres de entonces es cuando te dejaban ir a casa de la «Chica Alpiste», en la parte de arriba, a la izquierda, de la calle Toronjo. Allí podías comprar un tebeo, pero eso era muy caro. Lo normal era alquilarlo. Ella sacaba y depositaba sobre el mostrador un taco de publicaciones manoseadas y perfectamente alineadas. Tú te ponías a hojearlas, para ver si las habías leído, ibas poniéndolas a tu lado en otro montón, hasta que encontrabas lo que tú buscabas. Mientras, ella te decía lo que habías crecido, te preguntaba por tu familia, te daba agua si tenías sed y charlaba animadamente contigo. Tenían historietas del gato Pumby, Pulgarcito y Tiovivo. Los niños buscaban ejemplares del Capitán Trueno, las niñas preferían los cuentos de hadas.

A veces, faltaba la página más interesante, pero eso casi le añadía mayor interés, y bajabas la calle Toronjo, camino de vuelta a casa, con tu precioso tesoro en las manos, deseando llegar y sentarte en la mesa camilla, donde lo leerías dos, tres, o más veces, pues eras consciente de que la ocasión de volver a alquilar otro cuento tardaría en llegar.

Para comprar ropa, acudíamos a Los Caminos, Los Madrileños o Casa Rojas, pero aquello solo ocurría en ocasiones muy especiales. En mis tiempos, aún no había ropa confeccionada, por lo que primero había que ir allí para adquirir la tela. Una vez elegida, se la llevaban a la costurera que te tomaba medidas, manoseándote, dándote la vuelta, comentando cuánto habías crecido, y había que esperar. Pienso que aquello era más bonito, la ilusión de imaginar cómo quedaría, probártelo, comentarlo con la modista de turno: lo quiero más largo, más corto, más ancho, con un ribete, con un botón elegido por ti... Era imposible ser consumista, todo tenía que aplazarse, aumentando la ilusión y la paciencia, haciendo que le tuvieras más cariño y apego a estas prendas elaboradas por manos amigas y trabajadoras. Ahora, los niños demandan los objetos «tipo microondas», al minuto.

En mi casa, las mujeres eran unas privilegiadas. Mi madre era íntima amiga de Carmela Torres, la mejor costurera de entonces. Vivía en una bocacalle de la calle San Pedro, ella tenía sus propias telas, muy originales y «nada vistas», y cortaba unos vestidos y trajes con un estilo que llamaba la atención en el pueblo. Era innovadora y perfeccionista, hacía ir a las clientas una y otra vez hasta que quedaba totalmente satisfecha, y en todas las grandes ocasiones se encargaba de vestir a las mujeres de mi casa. Sin haber estudiado estilismo ni saber lo que esa palabra significaba, sabía sacar partido de las formas y hechuras de cada una, buscar el color apropiado para sus gustos y personalidad. Cuando se recibían los trajes confeccionados por ella, las vecinas acudían a admirarlos. El preciado objeto se guardaba en el armario, en su bolsa de plástico, como una reliquia, y la propietaria no osaba estrenarlo hasta la fecha señalada, pues siempre era una especial ocasión: el Domingo de Ramos (el que no estrena no tiene manos), una boda, un bautizo... Nada de cumpleaños, por aquel tiempo nadie celebraba los nacimientos, nos conformábamos con un buen chocolate el día del santo.

Cualquier prenda, cualquier caramelo, cualquier cartucho de papel con pipas tostadas o castañas en su interior, cualquier tebeo de los que pasaron por mis manos en aquellos años, tiene el sabor especial de la persona que me lo dio, de su mirada, de su cariño, un sabor que no lo venden en los centros comerciales, por muy guapas que sean las dependientas y por muy elegantes que sean sus tiendas. El mundo actual se ha perdido un consumista. Con unos antecedentes como los míos, es comprensible que me sienta perdido en un centro comercial.

37. Prefiero el ventilador

A los que hemos crecido al lado de un ventilador y un botijo, esto de los aires acondicionados nos viene un poco largo.

El ventilador de mi casa de Antequera era un ventilador de pie elevado de color negro, plúmbeo o muy pesado, y tenía las palas doradas, con su caja de alambre de protección. Los adultos nos atemorizaban para que no se nos ocurriera meter el dedo en esa especie de jaula; podías perderlo, tales eran su potencia y su velocidad. A mis ojos, el ventilador aparecía como una máquina amputadora de dedos. A pesar de las advertencias, había entre mis hermanos algún valiente, capaz de parar las aspas con un dedo. El intrépido que se atrevía era considerado por los demás como un dios.

¡Cómo se agradecía la brisa del ventilador durante los tórridos días de verano! Pero era un lujo reservado a los adultos. A los niños nos permitían acercarnos discretamente en contadas ocasiones para refrescarnos la cara. Envidiábamos a los mayores, que por la noche lo disponían cerca de la cama, suponía yo que para refrescar las partes púbicas. La cabeza del ventilador giraba, describiendo un arco y llevando frescura intermitentemente al arco barrido.

Desde aquellos primeros ventiladores hasta llegar al moderno aire acondicionado, ha habido una larga evolución. Recuerdo cuando aparecieron los primeros ventiladores de plástico, sin protección; esos ya no eran amputadores de dedos. Después vinieron aquellos coquetos e inservibles ventiladores pequeños de pilas, y últimamente están muy extendidos los ventiladores-lámpara de techo, que parecen ser muy prácticos.

La oferta que existe en el mercado de aparatos para refrescar es enorme hoy día, pero también son de órdago los enfriamientos que se pillan. Además, los modernos climatizadores, fijos en la pared, no te los puedes llevar de un sitio a otro como hacíamos con el ventilador.

Cada vez que viajo entre Barbate y Algeciras, no dejo de sorprenderme ante los campos de monstruosos aerogeneradores, que parecen descomunales ventiladores. Y me sorprendo, no por su tamaño, sino porque han invertido el sistema: el viento los mueve y producen electricidad. ¡Con el trabajo que me costó aprender que el ventilador de mi casa consumía electricidad y generaba viento!

Además, por muy ecológicos que sean, contaminan nuestra vista, acostumbrada a divisar bosques de árboles, no de monstruos con aspas.

Ya sé que la vida es cambio, pero no me gustan tantos adelantos. Añoro aquel ventilador. ¿Qué vendrá después? Por si acaso, me quedo con el abanico. Que no se pierda.

38. María, la fidelidad

Noventa y un años tiene María. De vez en cuando, menos de lo que quisiéramos, nos acercamos a visitarla a casa de su sobrina, con quien vive. Ella, que ya apenas ve, nos recibe siempre sonriente, afectuosa, parlanchina. Nos regaña como si siguiéramos siendo niños, con la autoridad que le da el habernos limpiado los mocos y habernos cambiado tantas veces los pañales. Nos recuerda lejanas travesuras con profusión de detalles, revelando a los demás íntimos secretos ocultos durante largos años, haciéndonos estallar en carcajadas. Consigue hacernos vibrar recordando tantos momentos compartidos con nuestra familia.

Ella era parte de la casa, parte de la familia, parte del decorado de nuestra vida. Desde que abrimos los ojos, María estaba allí, con mi madre, ayudando en casa a criar a los niños, a hacer la compra, a realizar las duras tareas domésticas... a todo menos a guisar, le tenía verdadero horror a los fogones. Delgada, nerviosa, alegre, con su eterno delantal, con la heredada costumbre de hablar a voces, que tanto nos hacía reír, traída de las huertas donde había vivido toda su vida.

No sé qué habrá de verdad en aquella leyenda que a ella le encantaba relatar alrededor del brasero de picón: contaba que se vino a Antequera a «servir», y se «colocó» en el bar de Pepe Fox, para ayudar a la familia y al negocio. Nuestra tienda estaba justo al lado, así que ambos amigos pasaban ratos el uno en el local del otro. Mi padre la observaba, y veía lo entregada que era para los niños, lo bien que se desenvolvía entre ellos, y pensó que le encantaría que se viniera a casa con nosotros. Así que se lo propuso a su amigo, le robó la asistenta y apareció en casa con ella. La nuestra en esos momentos era una casa difícil, rebosante de niños y de trabajo, y mi madre, al ver entrar en su casa a esta mujer delgada y seria, pensó que María no aguantaría ni el primer día. Poco podía imaginar que se quedaría con nosotros para siempre, que se convertiría en su amiga más fiel, que no se movería de su lado hasta su último día de vida.

María dedicó su vida a nosotros. No se casó ni tuvo hijos. Vivía en la misma calle, justo enfrente, en la casa de Elisa «la de Vicente», donde vivían dos familias más, cada una en una planta. Vivía con su hermana Dolores, su marido y sus hijos, en una especie de buhardilla con pocas ventanas y suelo de barro, una especie de cámaras habilitadas para una precaria vivienda, y que para nosotros se convirtió en nuestra segunda casa, un sitio donde siempre se nos trataba con cariño y se nos ofrecía de todo lo que había, para compartirlo con ellos. Su ojito derecho era la pequeña, la Mari, como ella la llamaba, y había que tener mucho cuidado porque aquella niña prefería la casa de María a la suya propia, y cada vez que podía, cruzaba la calle y se escapaba escaleras arriba, pidiéndole a Dolores un «canto» de pan con aceite. Inútil que mi madre le dijera que ese pan se le podía preparar en casa; ella insistía en que el pan de Dolores era mucho más bueno, a pesar de que era el mismo panadero el que lo repartía en las dos casas. Lo que le sabía bueno era el ambiente cálido, las caricias y mimos que todos los miembros de aquella familia, uno por uno, le proporcionaban. Y sobre todo, la compañía del pequeño Ramón, su eterno compañero de juegos, al que siempre estaban llamando para entretener a la «niña» con su infinita paciencia y con sus juegos desgastados por el uso, como el rompecabezas de dados, la oca y el parchís.

Visitar a María hoy es como abrir nuestro álbum de fotos. Sus nublados ojos nos devuelven, paradójicamente, imágenes nítidas de la niñez, de nuestros mayores, seres queridos de los que ella es la única superviviente. Como ve poco, nos coge las manos y nos las aprieta.

Esas manos, hoy temblorosas y torpes, esas ásperas manos curtidas por el trabajo, que tantas veces vimos cubiertas de sabañones y grietas, nos reproducen antiguas y dulces caricias de consuelo, quizás de una regañina, de una caída.

María cruzaba la calle cada día para venir a nuestra casa. Entonces, no se trabajaba por horas, ni se tomaba un receso. Venía todos los días, hasta los de fiesta. Estaba junto a nosotros como uno más, comía en nuestra mesa, reía con nosotros, se preocupaba con nosotros, lloraba con nosotros. Era nuestra María. Es nuestra María.

Después de llevar en casa trabajando casi cuarenta años, le llegó la hora de la jubilación. Todos nos imaginábamos a María, descansada y feliz, viviendo en su nueva casita del Barrio Girón, en compañía de su dulce hermana. La echábamos mucho de menos, la casa no era igual sin ella, pero era ley de vida, había que acostumbrarse. A los pocos días, su sobrina Lolilla vino a hablar con nosotros. Nos explicó que María estaba muy triste, que se sentía sola e inútil, que si podía venir a pasar algunos ratos a casa. La respuesta no era necesaria. A la mañana siguiente, María apareció a la hora habitual, con su delantal habitual, con sus habituales gritos, con su eterno cariño, y nunca se fue. Los hijos nos casamos, volamos a nuestros nuevos hogares. Desapareció mi padre, se fue a su lugar de eterno descanso. Y allí se quedó ella, acompañando a mi madre, en lo bueno, en lo malo, y como dicen en las bodas: en la salud y en la enfermedad, hasta que la muerte las separó. No dejó de venir ni un día mientras su amiga vivió, permaneció a su lado acompañándola en aquel lento deterioro, hasta el último minuto, hasta el último suspiro.

María, fidelidad personificada. Entrega absoluta. Nuestra María.

39. María y el mar

María y mi madre, juntas, mayores, como dos amigas de excursión, fueron a Algeciras a visitar a mi hermana pequeña que vivía allí. Tenían ilusión con conocer Barbate, ver sus playas, y organizamos un encuentro para pasear por el pueblo, comer atún fresco, pasar el día todos juntos. Era como una pequeña fiesta familiar, con dos madres a la vez, en que recordamos muchas cosas y reímos de antiguas anécdotas. Empezaban a envejecer, las dos al mismo tiempo, a debilitarse, pero conservaban su buen humor y sus ganas de vivir.

María, que siempre fue miedosa, nos empezó a relatar recuerdos de su vida, limitada en su juventud a los duros trabajos de la huerta y en su madurez a nuestro cuidado y crianza. En aquel día, disfrutó hasta del agua mineral que le servían en el restaurante, todo era nuevo para ella, tan pocas posibilidades había tenido de conocer el mundo. Le preguntamos si alguna vez se había bañado en el mar, y dijo que no, pero que lo había visto. Trini y Mari Tere, decidieron que no se podía volver a Antequera sin pasear por las finas arenas de aquellas playas gaditanas, sin darse un paseo al borde del mar. Por la tarde, cogieron a las dos mujeres y las acercaron a la orilla.

María, al contemplar la inmensidad del océano, se sintió mareada, se tambaleaba y se agarraba fuertemente a los brazos de sus dos escoltas, clavándoles las uñas hasta hacerles daño, gritando de miedo y de alegría, exaltada y emocionada como una niña pequeña. Observaba el ir y venir de las olas, la espuma que estas formaban, sin dejar de gritar ni de agarrarse. Entre todos, la hicieron andar por la orilla, y aquello era un espectáculo, todos los bañistas se incorporaban de las toallas para ver a aquella anciana, que jugaba y gritaba como una niña, que huía cada vez que se le acercaba una ola. Su cara de sorpresa y alegría, sus contagiosas carcajadas, sus manotazos, nos hacían llorar de risa.

María temblaba de emoción cada vez que el agua le mojaba los tobillos. Se fue confiando, y la convencimos para que se introdujera un poco más. Pero no contábamos con aquella ola, algo mayor que las demás, que mojó el bajo de la falda de María. Ella, siempre tan púdica, tan recatada, comenzó a saltar exhibiendo lo que durante tantos años había guardado.

—María, ten cuidado, que se te ve la ropa interior.

—Calla, niña. ¡Donde hay miedo no hay vergüenza!

40. El *loden imperland*

Cuando me compraron aquel abrigo austriaco, leí en su etiqueta aquellas dos palabras, nuevas para mí: *loden imperland.* Me encantaba cómo sonaban, y me encantaba enfundarme en él. Creo que lo tenía desde los dieciséis años, lo llevaba al instituto, hice la carrera con él. Era amigo mío.

Pesaba poco, era ligero como el viento, de color oscuro y discreto, como a mí me gusta. No he vuelto a encontrar nada igual, aunque hay que reconocer que las personas grandes y más o menos deformes como yo, tenemos un grave problema para vestir.

Por ejemplo, me encantan los zapatos, pero calzo un cuarenta y siete de horma ancha, y cuando quiero comprar alguno que me gusta, todos me quedan pequeños, así que al final me remiten siempre a los dos únicos modelos que fabrican de mi talla, tengo poco donde escoger. Y además, carísimos. Parece mentira que nosotros, los monstruos, no tengamos ya bastante con nuestra desgracia de habernos salido del tamaño estándar, sino que encima tengamos una penalización en los precios, un impuesto por anormalidad, cuando lo lógico sería que tuviésemos una subvención para compensar las molestias.

Pero mi *loden* cubría todo, combinaba con todo, era como dicen hoy «mi fondo de armario». Me sentía bien vestido, proporcionado, a pesar de mi cabeza, siempre grande. Mi *loden* me acompañaba invariablemente: en el coche, en el cine, en todas partes.

Pasaron los años, y empezaron los comentarios, algunos malintencionados.

—A ver cuándo te quitas este trapo.

—Te pareces al teniente Colombo.

—Con lo bien que estarías si te vistieras como todos... ¿De dónde has sacado esa antigualla?

Pero yo, haciendo oídos sordos, continuaba fiel a mi prenda favorita. Pasaron los años, la vida me maltrató, pero mi *loden* nunca me decepcionó. Me casé, tuve hijos, y él siguió a mi lado.

Un año, hicimos una excursión familiar a Sierra Nevada. Venían mi mujer y mis dos hijos mayores, mi hermana mayor y mis hermanos con los suyos, M.ª Teresa aún adolescente que pasaba temporadas con nosotros. Todos, en broma, se compincharon en una campaña *antiloden.* Desde el más grande al más pequeño, desde la mañana hasta la noche, las insinuaciones eran continuas:

—¿Es nuevo ese *loden?*

—¿No crees que ha llegado el momento de divorciarte del abrigo?

Las bromas llegaron a su punto álgido cuando ascendimos todos juntos a la cumbre del Veleta. Se confabularon para animarme:

—¿A que no eres capaz de tirar el *loden* desde el Veleta?

—¡Qué mejor fin para tu *loden* que un entierro en la nieve!

—¡Vamos, Pepe, sepárate de él aquí, en las alturas, cerca del cielo!

Soy débil, y cedí a la presión, al abandono del pobre e inocente abrigo. Subí lo más alto que pude, levanté el brazo con mi *loden* en él, y comencé a darle vueltas como los pastores cuando van a tirar una piedra con la onda, para que ganara velocidad con la fuerza centrífuga que yo le imprimía, hasta que llegué al grado máximo... El *loden* voló, no demasiado lejos, esa es la verdad, de manera que era factible bajar y recogerlo, pero era imposible, pues la familia coreaba y aplaudía rabiosamente, mientras mi abrigo yacía a mis pies, retorcido en la nieve, y yo muerto de frío, con el corazón triste.

He intentado superarlo, sustituirlo por otro, pero a pesar de que he comprado muchos a lo largo de los años, no he encontrado nada igual. Los austriacos auténticos pesan auténticamente como un saco. Las gabardinas no protegen bien del frío, con las trencas me encuentro disfrazado, con las chamarretas incómodo... Así que llevo un abrigo en la mano, como el que lleva un adorno, para casos de extrema necesidad, pero evito usarlo porque no me identifico con él.

Sigo añorando mi *loden.* Así de claro. Que Dios me perdone. Ahora comprendo al teniente Colombo, seguro que utilizaba su gabardina vieja porque era feliz con ella, era parte de su personalidad.

Yo tiré mi *loden.* Perdí gran parte de mi personalidad textil.

41. En Antequera quiero descansar

Antequera es mi balneario particular, donde me refugio para descansar. Por eso preparé con tanto esmero la casa familiar, donde nos hemos criado todos los hermanos, donde tantos recuerdos se guardan. Y siempre tuve claro que Antequera es el sitio donde quiero descansar eternamente el día que muera. He visitado tantas veces su cementerio, que se ha convertido para mí en un lugar familiar, donde reposan y habitan muchos seres conocidos y queridos.

De joven, consideraba macabro eso de pagar el seguro de defunción, de elegir nicho. A medida que me acerco a las últimas décadas, me resulta tan natural como elegir apartamento. Además, pasamos horas decidiendo qué corbata comprar para una boda o acontecimiento que va a durar unas horas, pues con más motivo habrá que pensarse muy bien dónde vamos a depositar nuestros restos para la eternidad.

Puestos a pedir, me gusta más un nicho en la pared que una sepultura en el suelo, hay menos humedad, es más lógico. El suelo para mí no es buen sitio. En la pared, sí, y no muy alto, porque si te ponen a demasiada altura, nadie ve tu lápida. La tercera línea sería perfecta, pues los paseantes te tienen a la altura de sus ojos, pueden leer tu nombre y no sientes la humedad del suelo. ¿Sentir? Pensándolo bien, ¿para qué perder el tiempo decidiendo dónde voy a estar cuando deje de sentir?

Además, estos nichos quizá tengan el precio más caro, no entiendo del tema. Supongo que se habrán hecho labores de *marketing* en este sentido, no creo que este sector se haya librado de la especulación económica. Y espero que no haya construcciones ilegales ni recalificaciones de terreno como en el sector inmobiliario.

Hace unos años tuve una fiebre modernista, pensé en la cremación, es más ecológico ocupar solo una pequeña urna o bien esparcir las cenizas al pie de un olivo, pero después, he vuelto al sistema clásico. Sobre todo, después de conocer las múltiples anécdotas que me cuentan sobre esparcimientos de cenizas en el mar, acompañantes de los difuntos que caen al agua a la vez que las cenizas, vientos en contra que hacen que te caigan estas encima... No, de momento descarto este sistema.

Ya sé que este es un tema que nadie quiere tocar, que nadie quiere leer, pero yo sí, quiero dejarlo claro. En Antequera quiero descansar. Efectivamente, don Clemente. Pero espero que falte mucho. Por ahora, ni siquiera quiero pensar en jubilarme, parece que de este modo retraso la vejez y la muerte. Soy un personaje pasivo en activo.

42. La Nochevieja de 2004

Huyo de eventos obligatorios, no me apetece vestirme de etiqueta, disfrazarme de persona elegante en un hotel caro, participar de una Nochevieja solemne y globalizada, rezumante de sonrisas y falsa felicidad, rodeado de guiris envueltos en brillantes vestimentas a los que no conozco de nada, con los que no tengo nada que comunicar, que me intimidan. Soy un ser extraño. Quiero una Nochevieja diferente a la de los demás.

Aquel año, estábamos solos en Antequera, así que nos fuimos a cenar a casa de mi hermana Mely. Le comenté que desde hace años sueño con tomar las uvas entre los paisanos de siempre, de manera informal, en medio de la Plaza San Sebastián, viendo las caras familiares de toda la vida, compartiendo con ellos este momento. Mely, toda displicencia y agrado, me animó a cumplir ese deseo. Así que, como vive cerca, diez minutos antes de las doce de la noche, armados con una botella de cava y una bolsa con las uvas, nos dirigimos alegres a nuestro destino. Sorpresa: ¡En la Plaza de San Sebastián no había ni un alma! Para ser más exactos, solo una pareja, de pie junto al banco de mármol que hay bajo la torre.

Nos quedamos petrificados. Ya no daba tiempo de volver a casa, faltaban escasos minutos para las campanadas. La solitaria plaza nada se parecía a la animada y acogedora fiesta que yo había dibujado en mi imaginación. Cuando estaba mirando el reloj para comprobar la hora, se nos acercó una persona con aspecto descuidado, con pinta de guardacoches desaseado, que me dijo: «No funciona desde hace tres meses». Me quedé desolado.

Del Hotel Manzanito salió el conserje, debimos darle pena:

—Si quieren Vds., pueden pasar y tomar las uvas aquí, tenemos puesta la televisión en la portería del hotel.

Allá entramos a toda prisa, justo en el momento en que iban a sonar las campanadas. Mely nos sorprendió sacando tres latas de uvas envasadas, pronóstico de una Nochevieja diferente, y allí, de pie en el vestíbulo del pequeño hotel, tomamos una a una nuestras uvas, intimidados, sin confundirnos, con una solemnidad desmesurada. Después sacamos la botella de cava (ese líquido amarillento que antes llamábamos champán), unos vasos de plástico, y terminamos ofreciéndole un trago al conserje y al menesteroso, que nos daban abrazos y nos felicitaban efusivamente.

Al momento bajaron un grupo de jóvenes extranjeros de caras blancas e idioma desconocido, ofreciéndonos una bebida portuguesa de licor de cereza, que abrieron como los bárbaros, con sus propios dientes. Atónito, observé los variopintos personajes que había a mi alrededor. Decididamente, no hay que irse a la costa para celebrar una Nochevieja rodeado de desconocidos, eso hoy día lo tenemos hasta en la plaza del pueblo.

Me distraje unos segundos mientras el conserje amablemente me mostraba la sala de estar, y a continuación me acerqué al mostrador de recepción para llenar el vaso de cava, encontrando para mi sorpresa, que apenas quedaban unas gotas.

—¡Cómo beben las señoras! —dije dirigiéndome a mis dos acompañantes—. Os habéis liquidado la botella.

—Nosotras no hemos bebido —contestaron ellas.

Entonces observé que el menesteroso intentaba mantenerse derecho mientras se balanceaba lentamente hacia delante y hacia atrás.

—¡Eh, amigo! ¿Le ha gustado el cava?

Sonriente y feliz, ignoró mi pregunta. Yo también ignoré mis habituales escrúpulos, y cogiendo la botella, me tomé el culillo con posibles babas que el menesteroso había dejado. ¡De algo hay que morir!

Luego he sabido que hace más de una década que nadie toma las uvas allí, pero al menos tuve una entrada de año como yo quería. Diferente. Especial. Original. Pero... ¿para qué?

Nota: Este libro se terminó de imprimir el día 1 de abril de 2008, festividad de San Hugo, en los nuevos Talleres de Gráficas San Rafael en Antequera.

Lo acabo de releer, después de muchos años sin hacerlo, para enviarlo a la Editorial ExLibric, en Antequera, en este año 2025, porque, al ser impresos los ejemplares uno a uno bajo demanda, de esta forma, si alguien se atreve a adquirirlo, siempre lo tendrá disponible en esta inagotable segunda edición.

Otros libros escritos por José Luis Sánchez-Garrido y Reyes

(a 15 de mayo de 2025)

1. *El olivo, prodigio hasta morir*. Año 2004. Ediciones Osuna (Granada). Escrito junto a Federico Moldenhauer (de este libro estimo que se han efectuado un total de 6000 ejemplares).
2. *La verdadera verdad del abonado del olivo en riego por goteo*. Año 2005. Ediciones Osuna. Escrito junto a Federico Moldenhauer. Está en internet y ha tenido más de 60 000 visitas. Su uso es habitual en cursos de formación.
3. *Antequera, recuerdos del ayer*. Año 2005. Ediciones Osuna. En total, 1000 ejemplares. Con la colaboración de Federico Moldenhauer. Se puede leer en internet en mi blog.
4. *Aparte de soñar nos queda el mundo*. Año 2005. Impreso por Talleres AGM, Arroyo de la Miel (Málaga), bajo el cuidado de Mavi León (libro de poesías). Junto a Carmen Requena.
5. *Antequera, otra vez*. Año 2008. Publicado por el Ayuntamiento de Antequera.
6. *Herogra, empresa centenaria*. Año 2016. Con el que se celebraba el primer centenario de la

empresa, donde el autor era gerente y coordinador general del grupo. Libro de regalo a clientes.

7. *Estrategias de ventas en el sector fertilizantes.* Año 2018. Editorial Osuna. Es un libro de referencia en el sector.

NOTA: Los libros reseñados hasta aquí están actualmente agotados; los que siguen son todos editados por la misma editorial en Antequera y no se agotan porque se editan de forma continua a demanda. Se pueden pedir a librerías de Antequera, a la propia editorial o bien a plataformas como Amazon, Casa del Libro y Agapea.

Las portadas de los libros, a partir del 9 incluido —salvo el 20 y 21—, han sido confeccionadas por Efecto 3D (Alcalá de Guadaira), empresa de mi hijo José Luis Sánchez-Garrido García.

8. *Callejeando por Antequera.* ExLibric, junio 2020. Presentado en Antequera, calle Merecillas 28, en noviembre de 2020.

9. *La conquista de la Antequera musulmana.* ExLibric, 2020.

10. *Barbate, Barbate.* ExLibric, 2020. Presentado en Barbate, en Recinto Cultural El Matadero, el 20 de agosto de 2021 (demorado antes por la pandemia).

11. *Historias y leyendas de mi Antequera.* ExLibric, 2020.
12. *Mis lamentables y tristes poemas.* ExLibric, 2020.
13. *Yo no vendo, me compran.* ExLibric, 2020.
14. *El gerente, un puesto no recomendable.* ExLibric, 2020.
15. *Las últimas mantas de Antequera.* En colaboración con Manuel Salazar Cobos. ExLibric, 2020.
16. *Antequera, Venecia, Barbate.* ExLibric, 2021. Historia real con toques de humor de unas vacaciones.
17. *Antequera Santa.* ExLibric, 2021.
18. *Fermín Requena. Poeta de la historia.* ExLibric, 2022.
19. *Antequera napoleónica.* ExLibric, 2022.
20. *Abonado disruptivo del olivar de secano* (coautor: Pablo Ramos Pedregosa). ExLibric, 2022.
21. *El desolador cierre y abandono de la iglesia y convento de Madre de Dios en Antequera.* ExLibric, 2023.
22. *Plan andaluz del agua.* ExLibric, 2023.
23. *Antequera romana.* ExLibric, 2023.
24. *Antequera árabe.* ExLibric, 2024.
25. *Inquietante futuro de la Andalucía agrícola. ¿Hay esperanza?* ExLibric, 2024.
26. *Cuentos y relatos de mi Antequera.* ExLibric, 2024.

Sobre el autor

José Luis Sánchez-Garrido y Reyes. Antequerano de nacimiento (1944) y de corazón, estudió para Ingeniero Técnico Agrícola en Sevilla, obteniendo el número uno de su promoción. Entró como becario en Esso Amoniaco Español. A los 31 años, fue nombrado Jefe de la División de Abonos Líquidos y Productos Especiales de S. A. Cros para toda España. Fue pionero y promotor de los abonos complejos líquidos en España, y de su aplicación en riego por goteo, donde investigó y desarrolló los mismos y su divulgación por todo el país. Es considerado «el padre de los abonos líquidos en España» y es reconocido a nivel internacional. Ha recibido numerosas visitas y comisiones de otros países interesándose en el tema, donde España ocupa un lugar destacadísimo a nivel internacional. Ha viajado por toda España, así como por muchos países fuera de nuestras fronteras, fundamentalmente por Estados Unidos, Francia e Italia, alcanzando un gran bagaje técnico en sus más de 50 años de experiencia en fertilizantes.

Durante casi 25 años ha sido Gerente de GRUPO HEROGRA, corporación absolutamente implicada en desarrollos tecnológicos y una de las más importantes de España en el sector. Ha diseñado fábricas de fertilizantes y dirigido su construcción, ha puesto en circulación multitud de nuevos productos y ha dirigido la fabricación de maquinaria de abonos líquidos totalmente novedosa. Ya jubilado, se dedica totalmente a su actividad de escritor. Ha publicado numerosos libros de temas técnicos, así como de su tierra, Antequera, donde reside en la actualidad y que siempre ha añorado. Tiene la Medalla de Oro del Sindicato Español de Escritores. En 2007 se le concedió el «Efebo de Antequera», y posteriormente el Ayuntamiento de Albolote le brindó un reconocimiento institucional por su trayectoria. Su mayor logro y alegría, dice, es tener una familia maravillosa.